阅读推广丛书

中国图书馆学会阅读推广委员会 编

顾问 王余光 吴晞

U0674335

共享阅读

送给家长、老师和所有想组织读书活动的人

主 编 吕梅

副主编 许 欢 麦丽明

国家图书馆出版社

图书在版编目（CIP）数据

共享阅读 / 吕梅主编. -- 北京 : 国家图书馆出版社, 2011.3
（阅读推广丛书）
ISBN 978-7-5013-4464-2

Ⅰ.①共… Ⅱ.①吕… Ⅲ.①读书方法 Ⅳ.①G792

中国版本图书馆CIP数据核字（2010）第228905号

责任编辑：邓咏秋

书名 共享阅读
著者 吕梅 主编
出版 国家图书馆出版社（原北京图书馆出版社）
　　　　（100034 北京市西城区文津街7号）
发行　010-66139745 66151313 66175620 66126153
　　　　　66174391（传真） 66126156（门市部）
E-mail　btsfxb@nlc.gov.cn（邮购）
Website　www.nlcpress.com→投稿中心
经销　新华书店
印刷　北京方嘉彩色印刷有限责任公司
开本　710×1000（毫米） 1/16
印张　11.75　　字数　180 千字
印数　1-3000册
版次　2011 年 3 月第 1 版　2011 年 3 月第 1 次印刷
书号　ISBN 978-7-5013-4464-2
定价　36.00元

目　录

第 3 章　好书共读

总序

时代变迁与阅读

王余光

2006年4月，中国图书馆学会科普与阅读指导委员会在东莞图书馆成立。2008年，该委员会推出《中国阅读报告》第一辑，包括《耕读传家》、《书香社会》和《爱书人的世界》三种。报告出版后，受到了业界的好评。2009年，中国图书馆学会决定将科普与阅读指导委员会更名为阅读推广委员会，并于当年9月在苏州图书馆成立。委员会成立之时，即决定整合行业力量和社会力量，继续《中国阅读报告》的工作，开始编撰与出版《阅读推广丛书》，以弘扬中国优良的阅读传统，关注今日的社会阅读，迎接时代变迁对阅读的挑战。

如果说中国家庭阅读有一种传统的话，那就是耕读传家与诗书继世。"耕"是以农业文明为主体的社会的物质需要。而"读"则是伦理道德确立和传递的最有效的方式。自汉以下的古代中国，"耕读传家"的理念，成为家庭价值观的核心。今天，我们在一些老宅子里，还能常常看到"耕读传家"、"诗书继世"的对联，从中窥见当年这些书香门第与读书世家的辉煌。

然而，"耕读传家"的传统随着传统家庭的解体，逐步在现代社会消失。现代各种媒体，如电视、网络、手机等的不断普及，进一步分流人们的注意力，分割人们有限的闲暇时间，全国国民的读书率可能会进一步降低。我国家庭藏书与读书人的比例在21世纪将继续呈下滑趋势。在这样的背景下，我们推广读书、鼓励读书，希望重建家庭藏

▲ 与书相伴，丰富心灵　　　　潘晓明/绘

书，让书籍走入每个家庭，为儿童营造一个读书的环境，让"耕读传家"的传统在新时代被赋予更丰富的内涵，并得以延续，是重要而有意义的。

随着经济条件的改善，我们有能力重建家庭藏书。2005年北京市教委公布的一项调查显示，家庭藏书量与子女在校的学习成绩有关联。这项调查涉及7000名中小学生，很多科目的成绩都随家庭藏书量的增加而上升。家庭阅读环境的好坏直接影响儿童的学习兴趣和学习能力。因此，营造一种爱读书、经常与幼儿交谈的家庭学习气氛，便成为家庭文化环境建设中极为有意义也是非常重要的任务。教育家陈鹤琴先生在《为幼儿创设良好的环境》一文中指出："要孩子学会阅读，我们的家庭、我们的社会，必定要先有阅读的环境。"

近十余年来，读书人，特别是青少年，阅读时间大大减少了。青少年读书的问题，引起教师与社会的普遍关心。就我所知，儿童阅读面临的问题，约略有如下数端：

1. 应试教育带来的学习压力，使儿童课外读书的时间大大减少。

2. 电视、手机、网络及各种网上游戏占去了不少儿童课外时间。

3. 不少儿童没有很好的读书条件与环境，儿童图书馆与家庭藏书，还不能普及。

因而，我们强调家庭藏书，与孩子一起读书。在一个充满好书的家庭环境中，家长经常看书、谈论书、珍爱书，孩子耳濡目染地也会成为一个爱书的人。相反，在一个很难找到几本书的家庭里，家长不爱读书，孩子对书籍十分陌生，他们就很难对读书产生兴趣。

随着各种理论的深入，家庭阅读的实践也逐步展开并取得了一定的社会成效。亲子阅读和分享阅读正在逐渐受到人们的重视，推广家庭阅读则是它们非常重要的一个宗旨。

● 亲子阅读。香港亲子阅读书会是一个非营利组织，由一群热心亲子阅读的的人士创立。其宗旨是：培养家庭阅读的社会风气；鼓励亲子阅读；通过阅读，父母与子女终身学习，共同成长；提供亲子阅读资讯及咨询服务。

● 分享阅读。起初，以成年人为儿童逐字朗读为主，多次重复之后，随着对故事情节和语言的熟悉性增加，逐步提高儿童对阅读活动的参与水平，使其在整个阅读中发挥越来越大的作用，并最终过渡到儿童自己独立阅读。或通过游戏的方式，提高孩子阅读的兴趣。

● 个性阅读。指导孩子将阅读与个性体验、实践、讨论、合作、探究相结合。培养孩子在阅读中思考问题与解决问题的能力。

●干预阅读。我们知道，阅读不仅是对文字的理解，而且还是一种心理体验的过程。阅读心理学关注阅读的动机、目的、意愿、需求、心境、注意力、兴趣、联想、美感、能力等内容。干预阅读尤其关注阅读的联想问题，美感的问题等。因而，对儿童读物的选择十分重要。

据报道，2009年，在金融危机的背景下，美国政府实施"0—5岁儿童教育计划"，其主要内容是由联邦政府拨款资助各州普及学前教育，希望借助该项目使每个儿童在幼年时期不分贫富地获得平等的教育。可见美国政府重视少儿的读书与学习。在我国，相关单位与中国图书馆学会，以2009年4月23日至2010年4月23日为"全国少年儿童阅读年"，举办活动，推动儿童读书。我本人也参与其中，深感中国图书馆界在推动儿童读书方面所作的努力。

2009年4月23日，中国图书馆学会在天津少年儿童图书馆举办"2009全国少年儿童阅读年"启动仪式，同时举办"少年儿童阅读高层论坛"。国内儿童文学作家与阅读推广专家赵玫、梅子涵、卢勤、秦文君，及两位德国专家与各公共、少儿图书馆馆长一起，就少儿阅读推广与服务进行了专题研讨。我在论坛上也作了《家庭与儿童阅读》的演讲。同年8月，我受中国图书馆学会委派，赴重庆少年儿童图书馆，参加"全国少年儿童阅读年——少儿阅读讲故事大赛"，来自辽宁、山东、安徽、广西、湖北、浙江、福建、安徽、广东、广西、重庆的少儿图书馆和公共图书馆选送的44名优秀选手齐聚山城、同场竞技，其中最小的6岁，最大的15岁。我作为大赛的评委，被孩子们讲故事的生动、可爱的场景所感动。同年底，我受邀前往广东中山市图书馆，参加"中国图书馆学会青少年阅读推广专业委员会第一届委员会成立会"。这个委员会的成立，是中国图书馆界重视儿童阅读的一个重要标

▲阅读的小伙伴 姜莉/摄

▲ 亲子阅读　　　党睿洁（7岁）画

志。诚如该委员会所言：青少年阅读推广专业委员会，将承担着理论研究和实践推动的双重任务，在培养青少年阅读意识、阅读习惯，开展阅读研究等方面担负着主要责任，希望为每一个孩子心中播撒阅读的种子，成为孩子们心灵成长的守望者。2010年2月，我又应邀参加东莞图书馆召开的"儿童绘本导读专家审读会"。以上活动的参与，让我深深感到，中国图书馆界不仅意识到儿童阅读的重要，而且已经开始行动。

让我们讲书中的故事给孩子听，让我们与孩子一起阅读，让孩子快乐地阅读，让我们与孩子在阅读中一起成长。

《阅读推广丛书》，由中国图书馆学会阅读推广委员会，联合国内数家知名图书馆共同主持编写，计划包括以下四种图书：

1.《亲子阅读》，邱冠华主编。这是一本送给0—12岁孩子家长的亲子阅读指南。

2.《绘本阅读》，王惠君主编。是一本儿童绘本的阅读指导书。

3.《共享阅读》，吕梅主编。一本开展分享阅读活动的指南，写给家长、老师、图书馆员和所有想组织读书活动的人。

4.《数字阅读》，李东来主编。面向广大读者，介绍数字阅读的最新资讯与技巧。

我期待着这套书的面世，以分享作者们指导阅读的智慧与读书的快乐。

2010年2月25日

本文作者是中国图书馆学会副理事长，北京大学信息管理系主任、教授。

今天
你共享了吗？

1.1 共享阅读ABC

冷启迪

什么是共享阅读？当面对着这个话题，许多人开始质疑，阅读还能共享吗？阅读不是个人行为吗？

我们暂且抛开这个问题，在日常生活中，我们常常看到这样的情景——年幼的孩子坐在妈妈的身边，听着妈妈给他读故事书，或与妈妈一起看图画书。在读书的过程中，孩子还会回答一些妈妈提出的问题，或与妈妈交流一下自己的感想；在安静的咖啡厅里，一群朋友聚会在一起，为一本大家都读过的书或者都听过的CD而互诉心得，探讨优劣；在班级的班会上，同学们一起朗诵一首古诗或者一个童话故事，还共同讨论诗词或故事的内容；你刚刚读过一本好书，就向好朋友介绍或者在网上推介书的内容，这个过程其实就是共享阅读，它不仅意味着"读"，还要求主体之间的合作和相互交流。

▲四位年轻的妈妈在读书会上的共享阅读　　　　　　照片提供：小书房郑州站宁宁妈

共享也就是"Share"，将一件物品或者信息的使用权或知情权与其他人共同拥有，有时也包括产权。共享阅读就是指个人或集体把可供阅读的健康资源分享给个体或集体的行为，是一种有目的的阅读传播活动。

《学记》中有这样一句千古名言："独学而无友，则孤陋而寡闻。"意思

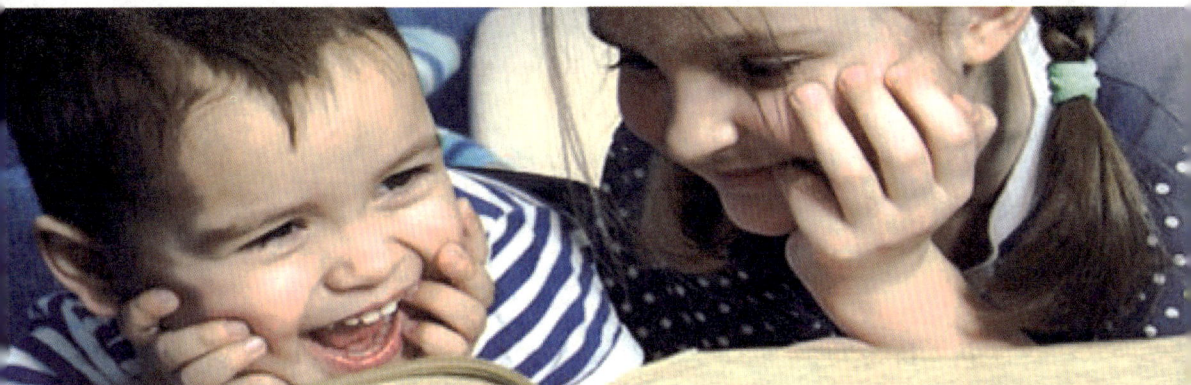

是说，如果学习中缺乏学友之间的交流切磋，就必然会导致知识狭隘，见识短浅。古今中外许多善于读书治学并且成大器者，大多十分重视结交学友，并在讨论与交流中获益匪浅，读书更是如此。

　　一个人读书，孤独中可以获得内心的宁静，学习虽然有所收获，但难免也有一知半解的时候，与别人共享阅读，就能够提醒和激发自己深入钻研，力求弄懂弄通的积极性，也会逼迫自己多学一点，理解得全面一点、深入一点。通过共享阅读，在交流和讨论中，我们迅速听懂别人的论点和问题，抓住要点和实质，激发自我的思维，从而丰富自己的知识，开拓自己的视野，完善自己的知识结构。

　　我们正处在一个知识爆炸的时代，一个人的阅读坚持下去，是加法性质的不断的累积，但一个人的阅读通过多个人的碰撞，就能产生成倍的效应，是乘法性质。一个人的阅读是与一本书和自己的对话，但共享阅读是多个人、多本书间的对话，成倍的交流带来了成倍的收获，这或许也是近年来共享阅读深受孩子和成年人喜爱的原因吧。

1.2　共享阅读的形式

冷启迪

解决了概念问题，或许你已经可以列举一些共享阅读的主要形式了。没错，包括家庭亲子阅读、班级读书会、"晒"书会、阅读沙龙、图书漂流、网上阅读等等在内，都是共享阅读的主要形式。当然，朋友的聚会、街头的聊天等等，都可以被称为广义的共享阅读。其实，如果你愿意，共享阅读其实可以以任何形式发生在任何时间、地点。

一、亲子阅读

"亲子阅读"即"家庭的阅读"，几个人作为家庭成员参与阅读的活动，

▲亲子阅读　　　　　　　苏州图书馆提供

是一种在家庭关系基础上的阅读。从表面看，阅读只涉及人与阅读材料的关系，但是这种关系的背后隐藏的是人与人的关系。建立在这种关系上的家庭阅读，一方面是在家庭范围内对阅读材料的处理和使用，另一方面是在此活动中对家庭成员关系的适应与调整。

❶家庭阅读，帮助孩子实现社会化

《三字经》里说"人之初，性本善"，而实际上，人一出生，起初只是一个无所知的"自然人"，在与家庭群体的生活过程中，接受抚育教育，逐渐长

成一个拥有与社会文化相一致的道德观、价值观、行为模式的"社会人"。从"自然人"到"社会人"的过程就是社会化过程，家庭是人类社会生活最基本的组织形式和最小的社会单元，而人的大部分社会化过程都是在家庭中完成的，所以家庭担负着主要的社会化责任。

儿童的社会化，实际就是儿童接受与社会化相一致的信息和知识，这种信息和知识可以通过口耳相传，但最主要的是通过文字和阅读来实现。阅读的意义主要就是帮助孩子在今后的社会生活中理解和阐释文本内容。阅读能力为儿童提供了基本的智力支持和实现手段，儿童通过学语言、学识字，来实现阅读的第一步，而且这一步基本都在家庭成员的帮助下进行的，所以可以说儿童的社会化过程，家庭阅读是第一双扶助的"手"。

然而孩子如同一张白纸，画上什么颜色，需要家长的干预和指导。俄国的无产阶级领袖列宁的父母就是很好的典范，他们循循善诱、深入浅出的阅读指导，让孩子们终生受益。列宁父母非常关心孩子们的智力发展，从五岁开始就教孩子读书。当每一个孩子刚一学会俄语（说、读和写），妈妈就马上教他们学习外语；因为三到十岁的小孩子最容易记住单词和学说话，这个年龄只要半年最多一年就能学会用外国语讲话。他们力求使孩子们从小养成读书的习惯。爸爸向孩子们提供了适合不同年龄阅读的书籍，他们的家庭图书馆有很多藏书，孩子们还从市图书馆借阅各种书籍。书是他们促使孩子智力发展的最主要手段，它以各种各样的新知识丰富了孩子们的头脑。家里还规定了"肃静时刻"。在这个时间里，大家同时工作或阅读，父母孩子都一样。谁要打破这一时刻是绝对不允许的。列宁回忆童年时代每到晚上的情景：到处是一派工作的气氛，父亲在书房里办公，两个哥哥在阁楼上看书，母亲坐在餐厅的大桌子旁做针线活，两个姐姐坐在母亲边上做作业，严格禁止喧哗或妨碍大人做事，规矩是很严格的。正是父母有效的干预和引导，帮助孩子们形成了正确的人生观和价值观，帮助孩子们了解和掌握当下社会所共同认可的道德体系和价值体系，让孩子们在此体系下与社会人进行有效沟通，并获得大家的认可。

❷ 以共读编织亲情

"为什么我们越来越读不懂孩子？"这样的问题，正在更多的家庭中蔓延。随着生活节奏的加快、信息化时代的来临，家庭中的个体接受信息的渠道日益多元化，信息的内容也千差万别，父母工作，孩子上学，成员疏于沟通，在这个血缘关系最为紧密的单位里，"代沟"便极易出现。

如何搭建起一座有效的沟通桥，是家长们头疼的问题。有个最便捷有效却被忽视的"良方"，那就是家庭阅读。

阅读对于我们来说，简直是天经地义、稀松平常的事情，人在生命之初，就会在母体里聆听，这个聆听其实就是一种阅读，阅读是人与生俱来的生存渴望，是人性构成当中十分美妙的组成部分。对于一个刚刚接触到阅读的孩子，阅读的快乐在于阅读体验本身，而不是阅读的结果。不经意间，其"结果"却往往在儿童的未来生命旅途中熠熠生辉。

而最早开启孩子阅读的就是家庭，一位教育生态学研究者表示，如果把学校和邻居这些环境对孩子的影响全部加起来，还不及家庭对孩子影响的一半。瑞典的教育家哈巴特也曾说过，一个父亲胜过100个校长。这些都充分体现出家庭教育在早期孩子成长中扮演的重要角色。

美国作家理察·乔根森著有《和爸爸一起读书》一书。写"我"回忆自己小的时候，在爸爸的怀抱里，爸爸每天晚上就给我读书。"我"一天天长大，自己把读到的故事讲给那些玩具，泰迪熊、芭比娃娃什么的听，再长

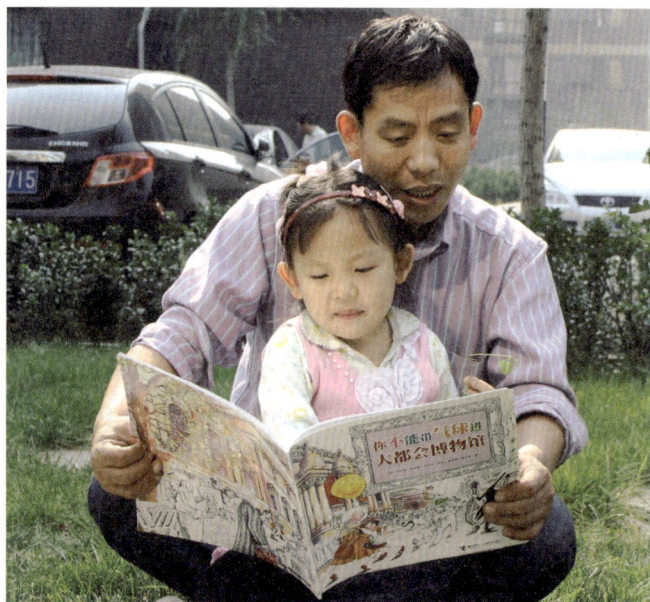

▲ 爸爸与女儿闪闪共读图画书《你不能带气球进大都会博物馆》
张建生 摄

大一点了，自己能独立阅读，但还是希望父亲能在临睡前到床头来陪我阅读。一个夏季的夜晚，"我"睡不着，爸爸好像读懂了"我"的心思，拿着书走进"我"的房间，打着手电筒一起阅读好书。读高中时，"我"经常呆在图书馆里读些世界名著，离开家上大学，经常跟爸爸打电话，彼此交流最多的还是最近都读了什么书。到后来自己开始做妈妈了，就讲故事给孩子听，外公就在一旁听着，老爸爸累了躺在床上，轮到女儿读书给爸爸听了。

每次读起这个故事，都会被其中一幅幅温馨的画面所感动。它展示了美国亲子阅读的文化，这种文化超越了阅读本身，变成一个家庭的精神纽带。著名的儿童阅读推广人徐冬梅曾经说过："不管是在城市还是在农村，家庭阅读不仅仅是分享故事，更是促进亲子和谐、融洽感情的重要途径。家是一个什么地方？家不仅是很多物件在那里，有桌子有床有餐桌叫家，家也不仅仅是一家人简简单单地生活在一起，一家人应该有共同的精神密码。"

近年来"亲子阅读"的概念逐渐在国内"走红"，它就是"家庭阅读"最主要的形式之一，体现了现代家庭对孩子阅读的重视。上海师范大学中文系教授、儿童文学作家梅子涵曾说过："亲子阅读是一种家庭阅读的方式，也是一种情感的方式。"儿童文学理论家朱自强也有相关解析：对家长来说，亲子阅读不仅有教育子女的功能，还是一种示爱方式，孩子天生就喜欢听故事、唱儿歌，家长在满足孩子的过程中，就表达了自己对孩子的爱。还有一点是被人忽视的，那就是亲子阅读也是成人自己生活的需要，是生命的分享。

二、读书会

在开放和信息化的现代社会中，知识更新速度加快，科技突飞猛进，背诵和记忆将难以适应新时代的学习需求，取而代之的将是资料的收集、整合、应用与创新的能力，只有善于学习并终身学习的人，才不会被淘汰。学习与阅读是分不开的。

❶ 读书会的"说文解字"

在学习的路程中，读书会是提高学习效率和学习乐趣最佳的途径。那么到底什么是读书会？它与我们的语文课有什么不同，让我们不妨"说文解字"一番：

"读"字虽简单，背后却蕴含着丰富的内容，"读"可以通过眼睛、手、耳朵、头脑等来实现。眼睛用来看书，手用来翻书、做笔记，耳朵用来听有声的书，聆听别人的观点，口用来读和讨

▲一所国际学校的阅读分享课　　照片提供：Osaka YMCA国际学校

论，脑用来思考体味。完整的阅读是运用不同的感官合作而成，尤其是脑的功能。

"书"，就是指阅读的对象，可以是短文、书本、报纸杂志，而信息化的时代，我们的"书"还可以是光碟、网络媒体、电影、歌曲、图片等等各种学习资源，从泛义上说，书可以是生活周遭自己感兴趣或关心的相关"材料"。

"会"，一群人聚在一起，表达分享阅读观点和想法，更是体会领会，交换彼此意见，不同的想法碰撞，将摄取的知识归纳整理总结，开拓新观念新视野。

❷ 与同龄人一起感受分享的收获和快乐

都说青少年是一颗种子，你给他什么土壤，它就长成什么样的树，一生的志趣与生命情调都在逐渐酝酿，读书会把孩子们从一堆书本作业中拉了出来，与宽广的世界握手言欢。在读书会中，通过人与书、人与人、人与环境的对话，通过主动参与，获取丰富的知识和无限发展的可能。孩子不再是应试教育下的棋子，而是一颗充满潜能的种子。

读书会强调的是启发式的思考和多向交流，无论你曾经是速读、精读、囫囵吞枣还是细嚼慢咽，读书会都会让你重新审视你的阅读对象，一百个读者有

一百个哈姆雷特，在与众人的交流中，你获取不同层面的信息和理解，从而更加清楚自己的体悟，通过讨论阅读对象的精华，深入思考，不断追寻自我，对于探索世界真相的青少年，这是一个人生启蒙的场所。

而读书会形式不拘一格，自由活泼，不像学习上课一般程式化，这是一个敞开的平台，没有唯一的答案，孩子们可以发挥自己的主观能动性，亮出自己的观点。通过交流和学习，不但有助于苦闷情绪的抒发，还能找到志同道合的朋友，倾诉、聆听，获得关怀与支持。

兴趣是最好的老师，愉悦的心情能提高学习效率，已经成为不争的事实，一个人的向往是梦想，一群人的企盼就是愿景。在分享和传递过程中，生命得到了最大限度的延展，个人阅读固然是雅事，但众人共读，其释放的能量却不可低估。

❸ 读书会的几种类型

1. 班级读书会

班级读书会宗旨在于拓展视野、启发思维、知识交流、提升生活。

班级读书是一种理想的阅读形式，相对于亲子阅读是一种有深度的阅读，阅读的孩子们可分享讨论和交流。与语文教学相比较，它更容易被欣赏，它需要组织者很艺术地加以设计、引导，帮助孩子们爱上阅读，让阅读渗透到孩子们的生活中。

班级读书会的活动形式可以有两种，老师带着孩子们大声朗读，或者老师读给孩子们

▲一位故事爸爸为幼儿园的小朋友读书　　小书房郑州站提供

听，每个学期孩子们共读两到三本书，然后大家一起交流阅读的经验。其次，建立班级图书角，孩子们进行比较自由的阅读，隔一段时间组织一些交流活动，例如各种主题阅读活动等等。

2. 沙龙

沙龙原为意大利语，十七世纪传入法国，最初为卢孚宫画廊的名称。日后逐渐指一种在欣赏美术作品的同时，谈论艺术、玩纸牌和聊天的场合，所以沙龙这个词更多的是指这样的聚会了。

▲ 小书房郑州站组织的读书会
一群家长聚在一起分享好书，交流亲子阅读经验。　　宁宁妈提供

最早的沙龙是由一些戏剧家、小说家、诗人、音乐家、画家、评论家、哲学家和政治家组成的，他们志趣相投，聚会一堂，一边呷着饮料，欣赏典雅的音乐，一边就共同感兴趣的各种问题抱膝长谈，无拘无束。

正宗的"沙龙"有如下特点：（1）定期举行；（2）时间为晚上（因为灯光常能造出一种朦胧的、浪漫主义的美感，激起与会者的情趣、谈锋和灵感）；（3）人数不多，是个小圈子；（4）自愿结合，自由谈论，各抒己见。

现在"沙龙"一词已经演化成一个具有广泛意义和广泛主题的聚会。读书沙龙作为最早的沙龙内容依然保留了下来，若干知己好友或者文人雅士相聚一堂，听着音乐饮着清茶或咖啡，就相关的主题畅所欲言，灵感和观点在这里碰撞生成。阅读便有了深度和广度的延展。

3. 笔会

笔会顾名思义，以笔会友，用文章的方式对某个专题或专题的某个侧面进行探讨、报道等的活动。和沙龙不同的是，这种交流方式从面对面的交流变成了用文字交流，这一概念也被很多文学团体拿来做自己组织的名字。

例如阿拉伯旅美派文学家在北美组成的文学团体就叫笔会。1920年4月28日成立于纽约，成员有纪伯伦·赫利勒·纪伯伦、米哈伊勒·努埃曼、威廉·卡茨夫利斯、奈德拉·哈达德、伊里亚·艾布·马迪、奈西卜·阿里达、拉希德·阿尤布、阿卜杜·迈西赫·哈达德、伊勒亚斯·阿塔拉等。它的宗旨是联合阿拉伯海外侨民作家，革新阿拉伯文学，发挥文学在民族解放和社会进步事业中的作用。

而时到如今，笔会的概念也悄然发生了一些变化，由于互联网的普及和深入，越来越多的人开始在网上交流对同一个主题的看法和意见，网络论坛中对同一件事务的发帖和跟帖也不失为一种"笔会"的方式。

三、晒书会与图书漂流

图书馆是阅读的圣地，是全民终生学习的场馆。图书馆安静的环境和种类繁多的书目都为阅读推广提供了先天的良好环境。由于图书馆工作人员具备专业知识，使得图书馆组织阅读的活动更专业、更有针对性。主题朗诵会、亲子共读会，热爱阅读的人们相聚在一起，为了一本喜爱的书，为了一个有兴趣的话题，展开讨论交流，这种交流的范围又比亲子阅读和班级读书会更加广阔。孩子与书、成年人与书、孩子与成年人，形成了三个交流层面，获取的信息量也因此而加倍。

除了读书会，近年来在许多城市的图书馆还推出了"晒书会"、"图书漂流"等活动，让一本书拥有更多读者，让读者读到更多的好书。"晒书会"其实源起于英文的"Share"（分享），它是与书市同时举行的活动，目的在于为大众提供一个荐书、评书、换书、以书会友的平台。晒书会通过"晾晒"（展出）自己喜爱的藏书，从而与其他书友交流收藏经验和知识，共享读书乐趣，促进了情感交流。

▲石歧小学晒书会上孩子们之间的图书交流　　　　图片提供：中山市图书馆

"图书漂流活动"源于上世纪60年代的欧洲，该活动是指书友将自己不再阅读的书贴上特定的标签投放到公共场所，如公园的长凳上，无偿地提供给拾取到的人阅读。拾取的人阅读之后，根据标签提示，再以相同的方式将该书投放到公共环境中去。

图书漂流，传递着书香。"书非借不能读也"，与其任随它们在孤寂中招致身价打折、资源浪费，不如交给更多需要它们的人去读，在分享、信任、传播的过程中，让书在流动中发挥作用，实现传递知识的价值，同时节省费用，结交书友。

四、社会组织的共享阅读活动

除了图书馆，越来越多的组织加入到了分享阅读的队伍中，传统印象中的书店只是选书购书的场所，但目前许多大城市的书店已经纷纷向"休闲购物中心"方向发展，这里也变成了分享阅读的好地方，在书店推广阅读常以读者讲故事、作者见面会、书友会等形式为主，还有一些特色书店则专门组织某类读者进行阅读心得、读书笔记的交流分享。

出版社在推广阅

▲共享阅读——来吧，大家一起读　　　林子 绘

读方面也大有空间，除了出版图书这种商业行为之外，它们还应成为引领阅读风气的前沿阵地。日本出版家松居直先生和他的福音馆，还有中国台湾地区的信谊、天卫等出版社都是这方面的范例，例如在台湾有专门的说故事剧团和剧场，其中最著名的当属成立于1994年的信谊基金会"小袋鼠说故事剧团"，这个剧团就是由信谊发起成立的。而天卫出版社更是不遗余力地在台湾和大陆举办了上千场关于儿童阅读的讲座，出版了一批儿童阅读指导类书籍。目前内地有些出版社已经意识到推广阅读的重要性，但仍处于起步阶段。

五、网上共享阅读

湖北作家协会主席方方曾说过："有了网络，人人都可以写作，人人都是作家。看这些作品不需要去书店买书，也不花钱，甚至自己也可以参与进去，或赞或骂，这就给阅读带来乐趣。"网络时代的到来，让阅读的形式更加多元，沟通更加便捷，可以说网络正在成为一个共享阅读的新阵地，不用在万千书海里挑花了眼寻找自己需要的书籍，也不用听遍CD店里的碟片找到自己爱的音乐，只要登录专业的阅读分享平台就可以在最快的时间获取所需的阅读信息，除此之外，网络的互动性也使得阅读的交流有了更好的平台。

年轻人喜欢网络阅读，更看重网上阅读带来的种种好处：

- 坐在电脑前，进入自己喜欢的网站，打开需要阅读的网页，不需要去书店逛了，省时。

- 在网上下载只需几分钟，花费不足一元，就拥有一套自己想要的全集，不必担心囊中羞涩，省钱。

- 各地的作品都如同汇集到自己的书房，可以随取随用，只需键入书名，即可手到擒来，不用担心找不到想看的书，省心。

- 可以看到最新的信息。网络写手常常是边写作边上网，读者则是边下载边欣赏，不再因印刷和发行环节耽误时间，及时。

- 坐在电脑前，还可以凑热闹。读者常常边阅读边在ＢＢＳ上讨论，给作者发帖子、提建议、谈感想，甚至参与创作。看到好的，赞扬一番，看到差的，痛骂一番，过瘾。

正因为此，一些共享阅读网站才会日益火爆，例如在豆瓣网上，你可以自由发表有关书籍、电影、音乐的评论，可以搜索别人的推荐，所有的内容、分类、筛选、排序都由用户产生和决定，甚至在豆瓣主页出现的内容上也取决于你的选择。

▲网络阅读　　　　　　　　　　　　深圳图书馆提供

从2005年3月至今，豆瓣的注册用户已经超过一百万。用户以受过高等教育的青年大学生为主。豆瓣的发起者发现，对多数人作选择最有效的帮助其实来自亲友和同事，但口味最类似的人却往往是陌路。 如果能不一一结交，却知道成千上万人的口味，能从中间迅速找到最臭味相投的，口口相传的魔力一定能放大百倍。于是便有了豆瓣的成功。

另一个共享阅读的网上阵地就是当下十分流行的SNS，即Social Networking Services（社会性网络服务），如人人网、开心网等为代表的社交网站，这种基于社会网络关系系统思想的网站分设聊天（IM）、交友、视频分享、博客、播客、网络社区、音乐共享等区域，读者只需登录相关区域就可进行阅读共享。另外，不仅现在一些大公司网站开始了一些SNS应用，一些垂直领域的行业站点也开始了SNS的尝试，并且效果不错，例如以华人视觉艺术家为目标用户群体的"蜂巢网"（http://www.artcomb.com）、以情感与音乐为主的"漂泊一族"以及基于Manyou开放平台的社交游戏推广平台"社交游戏"等，使各种细分领域的读者都可以找到最合适自己的共享阅读网上平台。

1.3 共享阅读的意义

冷启迪

在电子媒体时代，许多孩子似乎很自然地被光影所吸引，家长们慨叹孩子们接受的海量垃圾信息越来越多，但是所获得的真正蕴含了人类智慧的知识越来越少。据了解，我国的国民图书阅读率正在逐年下滑，2006年4月，中国出版科学研究所公布的第四次"全国国民阅读调查"数据显示，我国国民阅读率连续六年持续走低，而且在读书人群中，读书的时间也在不断减少。当我们在阅读技术上获得了前所未有的便利时，却似乎在疏远阅读，面对读书人口的不断流失，许多专家为此忧心忡忡。

阅读是一项长期的、日积月累的、潜移默化的精神活动。阅读影响着一个人素质中最基本、最核心的部分——价值观、审美观、道德观和人生观。阅读既是一个人了解世界和思考世界的过程，又是一个人心灵自我观照的过程，即通过阅读来反省自我、提升自我，从而养成内省和深思的习惯，因而它对于人的成长至关重要。

共享阅读，是读人和读书的结合，是阅读的更进一步，在阅读基础上分享，是对阅读的延伸。共享阅读让人逐渐养成自主阅读习惯，体验到主动学习的乐趣。没有丰富的阅读量，就无从与别人共享，所以主动的阅读是基础，而凡事只要"主动"，人就会散发出无限的能量和激情。

共享阅读的意义可以从以下三个方面来分析。

首先，共享阅读带给我们的是知识量，这种知识量既是自主阅读的结果，又是与人分享的结果。要与人分享必须有在某方面比别人

▲林肯父子共读邮票

A Nation of Readers USA 20c

更丰富的知识面。我们常常发现那些口齿伶俐、思维敏捷、视野开阔的孩子，都是自主阅读加共享阅读的好手，只有自己先掌握了知识，才能传播知识。在与人共享阅读之前，必定对阅读对象有一定的独立理解，叶圣陶先生曾说过："要理解得透，必须多揣摩。读过一遍，再读第二遍、第三遍，自己提出问题来自己解答，是有效办法。"个人理解成熟后，与外界进行碰撞交流，会让你更加全面地了解问题，无论你是对是错，独立的分析能力、质疑能力、探索精神都已建立。所以共享阅读虽不能改

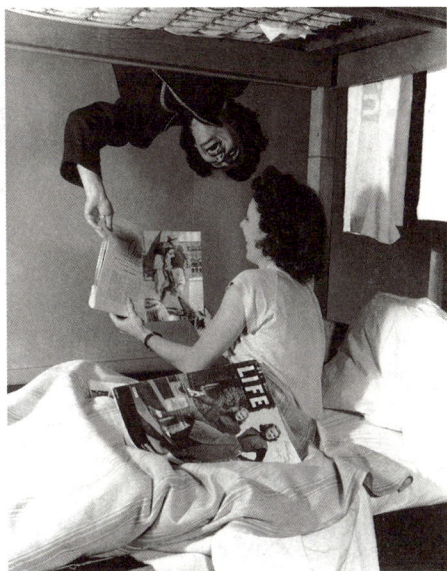

分享的快乐
图片提供：美国政府国家档案海军图片库（Official U.S. Navy Photograph, National Archives）

变人生的长度，但可以改变人生的宽度和厚度。通过共享阅读你可以视通四海，思接千古，与智者交谈，与伟人对话。对于一个生命有限的人来说，这是一件多么幸福的事情。

而在与人交流的过程中，他人的知识和观点如能博采众长，就可以成为弥补自身认知盲区的最快捷和最有效的方式。无论是双向交流还是多向交流，都会带来一加一大于二的效果。

其次，共享阅读的意义还在于培养孩子们的认知能力。

共享阅读能够培养独立思考能力、对问题的理解、分析能力和质疑释疑能力，激发思维，培养创见精神和探索精神。我们通常称那些饱读诗书的人为"掉书袋"或者"书呆子"，但实际上，参与共享阅读的人并非是书呆子，他们往往是实践的好手，因为他们不仅从阅读中汲取了所需要的知识，并在分享中让知识变成一种能力。阅读分享的过程往往是充满着欢乐与创新，参与者从中学到的不仅是知识，而是探索、思考、发现、解答的能力，而这种能力在实践中特别受用。

▲小朋友在杭州图书馆学做手工作品　　　　　　阿光 摄　杭州图书馆提供

再次，共享阅读的意义还体现在审美层面，共享阅读最大的作用就在于让人学会了如何与人分享、交流，学会合作精神，学会与人相处。无论是与妈妈分享、还是与同学分享，或是与一群陌生人分享。作为主体的读者都已经跨出了自我的圈子，开始与外界沟通。阅读就是沟通的最好桥梁，你们或许拥有不同的皮肤，性格各异，但是因为一本书，一个话题，大家走到一起，你学会聆听别人的发言，学会表达自己的观点，学会如何和一个人讨论问题，和一个团队相处融洽，学会如何吸取别人的优点，懂得了什么是美的善的，而这一切都显得那么自然，因为你们因阅读而结缘。当自己的观点得到了他人的认可，你收获了内心成就感的喜悦，当别人不同意你的观点，你又多了另一种看问题的视角。在阅读中遇到了困难，知道应用积极的态度去面对困难，寻找解决同题的途径与方法，不气馁、不轻易放弃，青少年通过共享阅读体验了生活，并逐渐形成相对完善的人格。

1.4 世界各地的儿童共享阅读运动

吴军委

儿童阅读，是形成并保留儿童梦想的土壤。儿童阅读推进工程正在成为一项系统工程。儿童阅读运动，是目前世界各地正在进行的教育改革中的一项重要内容。少儿时期是人一生中阅读习惯形成的最为重要的时期，因此如何帮助少儿形成良好的阅读习惯，在家庭和社会中营造良好的阅读氛围，在父母和学校的指导下，通过共享阅读，来促进少儿阅读的发展，成为许多国家和地区基础教育工作的共识。

美国促进阅读运动　　美国在克林顿时期有"美国阅读挑战"运动。在布什时期，提出"不让任何一个孩子落在后面"的教育改革方案，并将"阅读优先"作为政策主轴，拨出50亿美元的经费，希望在5年内让美国所有的学童在小学3年级以前具备基本阅读能力。"9·11"事件发生时，布什总统正在一所小学里给孩子们读书。布什夫人曾促成得州率先以州预算赞助学前幼儿阅读计划，号召全美最优秀的大学毕业生、专业人员，加入师资培育计划。

日本促进阅读运动　　日本政府积极推广儿童阅读运动。1997年日本修正《学校图书馆法》，规定学校规模只要超过12个班，都必须指派学校图书馆员。2001年年底，《日本儿童阅读推进法》颁布，指定每年4月23日为日本儿童阅读日。日本政府更投入650亿日元，敦促各级学校、社区和地方政府加紧脚步，改善下一代的读书环境。

英国促进阅读运动　　英国自1998年9月起就打出"打造举国皆是读书人"的口号，进行阅读推广。他们认为

▲非洲儿童在共享阅读的乐趣

单靠教师无法提升学生读写能力，必须动员学校、家庭、图书馆、企业、媒体，共同推动阅读运动，让全国都沐浴在喜爱阅读的氛围中，才能收效。在政府推动的阅读年中，借助各种传播工具，传播阅读讯

▲ 一堂共享阅读课　　　　　　　照片提供：St. Petersburg Times/Zuma

息，并且推出一系列重点活动。如送书到学校。从1998年到1999年，英国政府额外拨出了1.15亿英镑的购书经费，平均每个学校获得4000英镑，全国中小学图书馆总共多了2300万册的书。英国的儿童推广措施包括：1. 英国儿童阅读推广措施增加小学阅读课程。从1998年9月的新学年度开始，小学每天都有一小时的文学课程，专门用来提升读写能力。2. 政府也额外拨款1900万英镑，训练小学教师如何教导学童识字、阅读及写作。3. 和媒体、企业、民间组织形成伙伴关系，拨款80万英镑赞助86个民间组织推广阅读计划。2006年6月，英国女王官方生日的主要活动就是阅读推广，让小朋友与经典童话中的人物形象在一起互动，女王说，就是为了"让孩子们重拾经典"。

发展中国家促进阅读运动　　发展中国家由于经济状况不同，阅读推广的着重点也不同。如墨西哥、印度、波兰、蒙古等，由政府和民间各种基金大力支持，积极推广阅读。在这些国家，阅读不仅是提升青少年阅读水平、开发智力、汲取精神营养，而且还是传承民族文化的重要桥梁；同时把阅读看做公民享受教育权利、参与社会政治生活、消除教育鸿沟、紧密家庭关系、关心弱势群体的重要手段。

儿童阅读在中国也成为越来越被关注的话题。2000年至2003年，中国台湾全面推行"儿童阅读实施计划"，将2000年定为儿童阅读年。中国香港地区目前也有不少团体、组织着力推动儿童阅读风气的形成。在中国内地，无论是家长还是老师，无论是儿童文学发烧友还是助学公益组织的志愿者，无论是儿童

文学领域还是儿童教育领域的研究者，无论是出版行业的机构和个人，还是政府中的相关机构和个人，都出于不同的原因，对儿童阅读这个话题产生了浓厚的兴趣。他们希冀借助阅读活动的推广，使更多的儿童从小培养阅读习惯。在大量的阅读中获取知识，使儿童成为善于学习并终身学习的人，将来具有足够的能力面对社会。

▲不同种族的青少年在分享阅读经验
照片提供：理海大学（Lehigh University）图书馆Bruce M. Taggart

精品共享阅读活动推介

台湾信谊基金会"Bookstart"（阅读起步走）

1992年，由英国公益组织"图书信托基金"（Booktrust）发起的Bookstart运动，是全世界第一项专门为婴幼儿量身打造的大规模赠书活动。通过免费赠书给育有婴幼儿的家庭这种手段，提倡婴幼儿及早接触书籍，拥有快乐温馨的早期阅读经验。信谊基金会长期以来致力于推广儿童阅读，历经多次英、日等国实地考察后，2005年11月正式成为世界性的Bookstart婴幼儿阅读推广联盟工作伙伴。信谊基金会作为"Bookstart阅读起步走"运动设在中国台湾地区的代表机构，定期与世界各地相关团体合作交流，持续引进最新婴幼儿推广理念与方法，邀集各界学者专家设计制作父母入门指导手册、推荐书目、故事围裙、布旗、海报、贴纸等周边物资；并设计有图书馆员与志愿工作者完整配套培训课程，筹组专业讲师团队，在各地举办父母阅读指导讲座，帮助培训专业志工团队，更不遗余力向各界人士积极倡导婴幼儿阅读的重要性，募集更多社会资源与能量投入婴幼儿阅读推广行列。其中，为了支持地方当局开展"Bookstart阅读起步走"运动，信谊基金会提供的免费赠书已经累计超过50000册。

信谊基金会自成立以来，就以"守护孩子唯一的童年"作为核心宗旨，呼吁社会重视幼儿教育与提升幼儿教育的质量。自2000年起，更由于婴幼儿早期发展与脑科学的研究发现，积极将向下扎根，推动0—3岁婴幼儿教育。自2006年引进世界性的婴幼儿阅读运动"Bookstart 阅读起步走"，通过免费阅读礼袋的发送，已经走进5万多个有婴幼儿的家庭。

延伸阅读

以上内容来自Bookstar网站及其他资料综合

更多详情见：http://www.bookstart.org.tw/p1.html

日本国际儿童文学图书馆的共享阅读活动

在国际儿童文学馆里以独特的"图书岛"为中心，有地毯区和书桌区，孩子们可以自由地阅读图书。天气暖和的时候，还可以在屋外的草地上看书、欣赏连环画剧。

在日本，孩子们变得越来越少读书，这不免让从事儿童阅读相关工作的人忧心忡忡。于是在1993年，一些儿童文学工者和"全国儿童读物联盟委员会"的成员开始对《学校图书馆法》进行修改，并计划创办"国际儿童文学图书馆"（简称ILCL）。

1995年，ILCL发起者向NDL（国会图书馆）提交了"由NDL向国际儿童文学图书馆提供书籍的方案"，获得批准，并在1997年正式成立了"国际儿童文学图书馆"筹备办公室。修建于1906年的帝国图书馆在2000年经过重新粉刷为ILCL使用，首个以儿童文学为主的国家图书馆在东京创立，并且作为了NDL的一个分支机构。图书馆于2000年5月5日日本儿童节当天正式对外开放。

2000年，日本参、众两议院集体通过将ILCL成立年——2000年指定为"全国儿童阅读年"。日本全国开始掀起了儿童阅读推广活动的热潮，例如像Bookstart这样的主题活动。2001年，日本"儿童梦想基金"成立，该基金支持"手牵手"行动和儿童阅读活动。同时，《儿童阅读促进法》颁布。中央和地区政府积极开展阅读的推广及普及工作，各地区政府还制定了详细的阅读促进计划。修改后的《学校图书馆法》规定，学校图书馆必须有专门的老师负责管理。

ILCL是国会图书馆的一个分支机构，按照规定，可以通过国际合作，获得丰富图书资源，其主要读者应以18岁以下为主。ILCL具备两个功能。

1. 与日本各地的图书馆及其他在推动儿童阅读运动表现积极的国家保持紧密联系，是全国的儿童文学研究中心和支持机构。

2. 帮助孩子找到阅读的乐趣，爱上读书。让他们有机会熟悉图书馆，了解许多五彩缤纷的文化知识。

按照《国会图书馆法》的规定，从1948年开始，NDL就取得了合法拥有和保存日本国家出版资源和图书资源的权利，其中自然包括了儿童书籍。至于海外儿童读物和参考资料，主要通过ILCL购买或者社会捐赠。现在ILCL的藏书量是30万册。目前，60％的海外儿童读物是来自于英国、美国、法国、德国、俄罗斯和意大利。ILCL现在也正在扩大亚洲儿童读物的藏书量。截至2003年9月30日，共收到12000册来自于亚洲国家的读书，其中包括中国的5300册和韩国的3300册。

延伸阅读

更多活动内容见

http://www.pep.com.cn/xiaoyu/yinghuochong/lilun/200712/t20071206_429619.htm

香港地区的共享阅读活动

香港的阅读推广活动为香港人营造了良好的阅读氛围，打造出了一个快乐的"阅读城"。在香港政府、大学科研机构、图书馆、中小学以及网络媒体等民间文化机构的共同努力下，一个良性的阅读生态圈得以逐步形成。

2000年，香港政府将"推广阅读"作为四大关键项目之一写入文件，作为一种指导政策传达给香港各中小学，并提供种种专业支援。在高校，香港教育局专门成立机构研究并支持青少年阅读，为了帮助教师转型，香港政府给全港教师提供了"教师中心"及"中央资源中心"，资源中心汇集了各种专业教学资源与研究结果。香港教育署在2002年进行了"中小学生阅读习惯"调查，根据调查结果有针对性地策划举办了一系列阅读推广活动，如推荐优质书籍、印刷亲子阅读手册、举办联校阅读研讨会等。政府的积极态度和良好的"支持体系"，使香港的阅读推广活动无论在规模还是持续性上，都获得了有力的保证。

香港公共图书馆在阅读推广中有着特殊的地位，它既是推广阅读的重要力量,同时也是联结各方力量的特殊纽带，成为香港阅读推广的一大特色。香港公共图书馆的另一个优势则体现在完整高效的阅读推广机制上。在香港公共图书馆，阅读推广活动由专门的三个部门密切配合进行。首先是"推广活动部"，负责阅读推广的策划、宣传和实施；接着是"阅读推广工作委员会"，负责推广方案的审议和决策；之后还有"议会"的参与和监督。这样的工作机制责任明确，目的性强，宣传到位，保证了推广活动的顺利实施。

▲香港书展上阅读的孩子
每年暑假举行的香港书展具有非凡的吸引力，很多市民全家前往，并带着类似的拉杆箱前来购书。

香港学校还经常开展丰富多彩的阅读活动，促进家校协同共享。香港的中小学通常都会有一些"家长日"。家长日中，学校会举办一些推广家庭阅读的活动，如：亲子阅读讲座、亲子故事比赛等。此外，许多校图书馆与公共图书馆之间都有合作与交流，联手开展和实施各种阅读计划，共同鼓励和培育学生的阅读兴趣和习惯。

香港青少年的阅读能力提升主要得益于以下几个方面的保障：第一，政策支持与制度保障阅读研究与推广，使"阅读"成为香港全社会的公共议题；第二，多层面开展儿童阅读研究，以学校为"主阵地"推广阅读；第三，完善图书馆运行机制，发挥图书馆在阅读推广方面的功能与作用；第四，引入国际规范化评估体系，引领青少年阅读研究与推广。

延伸阅读

更多内容见：
香港教育统筹局.《推广校园阅读文化》，2002：3
王文静、周晶晶、杜霞.《香港儿童青少年阅读研究与推广》，教育科学，2010年第1期

第 2 章
Action,
让我们一起来行动！

© 张春霞提供

2.1 怎样开办家庭读书沙龙?

刘 肖

无论有着怎样的外在形式，学习知识、扩展视野都是读书会的首要目标。家庭学习无疑是学校学习的必要补充和有益延伸，而在周末举办读书会，可以让孩子在学校养成的学习习惯，在家里得以保持、甚至发展。尽管读书学习，随时都可以进行。但是在一个家庭里，所有的成员在固定的时间、以固定的形式来一起读书、共同学习，对培养孩子终身学习的信念，无疑有着重要的意义。细水往往长流，水到自然渠成。读书会的作用，不仅仅在于期待在这个周末的晚上读到哪些好作品，同时也是向家人汇报自己学习上的收获，包括对作品理解能力的提高、朗读水平的提高。家庭读书会给这样一种展示提供了固定的平台，更给了每一个家庭成员继续提高的动力。在这方面，不少家庭的读书会都有一个才艺展示的环节。

① 必要环节

家庭读书会可以定期举行，培养孩子的组织能力和全局意识，提升孩子的自信心，使他们勇于表达自我，善于表达自我。

1）主持人：建议家庭成员轮流承担。

2）其他成员：家长、其他亲人、同学或者老师。

3）经典诵读：每周学习一首古诗。这首诗词的选择往往与时令相合。

4）美文共赏：这是读书会最重头的一部分，每人把近来读到的一本书或者一篇文章推荐给其他家庭成员。如经典名篇、报刊或网络上新的有影响的作品、绘本等。

5）评头论足：点评，相互交流，共同提高。

6）同一首歌：学习一首新歌。

上面的内容可以根据不同的情况适当地调整哦，最适合自己的才是最好的。

② 建立家庭图书角

孩子的读书兴趣很大程度上来自于父母的示范榜样以及书籍在家庭生活中占有的地位。倡议在家中"开辟一块地方、腾出一张书桌、整理一些旧书、增添一些新书、张贴一张读书表"，设立"家庭读书角"。

1）起个富有书香的名字：星光阁、馨香室、益智房、书虫屋……

2）让孩子积极参与进来，如让孩子担任图书角的图书员等。

3）家庭图书角内容最好能涵盖历史、文化、科技等各个领域。

③ 共读方法

家长和孩子共读一本书，不仅加强亲子之间的交流讨论，而且可以培养孩子的听力，引导孩子学习、思考的习惯。（适用年级：小学四年级之前）

1）家长朗读，适时引导：家长在朗读时，根据故事情节提出问题，有针对性地引导孩子的思维和表达能力。

2）分角色朗读：体会故事、提高孩子的表达和感受能力。

3）开展家庭表演剧：家庭根据故事，共同编辑剧目，可以邀请同学、亲人参加。

温馨提示：孩子不舒服躺在床上或者晚上睡不着的时候，给孩子读书可以让孩子觉得受到重视而更加自信。

④ 成果展示

很多家长都有自己独特的读书笔记格式，表中包括如好词好句、个人感

▲母亲通过阅读向孩子传递爱　　　　照片提供：Neeta Lind.

▲家庭读书沙龙　　　　　林子　绘

想、学习收获等，建议家长引导孩子制作一个整体的读书履历，方便分析孩子的读书数量、质量以及类别，以便更有针对性地加以引导。

1）让孩子把目前为止读过的书籍的书名写在纸上。

2）书名旁边注上作者的名字。

3）用一句话归纳书中的主要内容。

5 家之外的共读

书是孩子成长的营养品，为了增添营养，走出家门是必要的。

1）定期陪孩子逛书店或图书馆，每月至少一次。

2）和孩子一起读书，以身作则。

3）孩子自己挑选喜欢看的书。

温馨提示：刚开始可以带孩子去一些附近的儿童书店，环境最好不要嘈杂，使孩子对书形成较好的印象，上小学后可以去稍微大点的书店，小学5、6年级建议去大型书店。

6 让共读持续下去

开展家庭阅读竞赛，家长可以就近期的阅读收获等设计竞赛题，充分调动家庭的读书氛围。

1）选定主持人、制题。

2）竞赛、答题、打分。

3）分析原因，并奖励优秀。

4）指定下期的主持人。

案例赏析　**石榴家的周末家庭读书会·第107期**

2009年5月29日 星期五　　　　主持人：石榴、丫丫

相约在端午节一起开诗会

端午节，总会让人想到诗人屈原、想到诗歌。去年的这个时候，我们迎来了第一个放假的端午节，我们的周末家庭读书会就策划了一期"端午诗会"。当时，除了我们仨和姐姐，还邀请了石榴的好朋友丫丫参加。

▲石榴和丫丫一起朗诵

那期读书会，姐姐读的是柯岩的《周总理你在哪里》，爸爸、妈妈分别读的是王蒙的《青春万岁》和舒婷的《致橡树》，石榴和丫丫则分别读的是金子美铃的《向着明亮那方》以及民间诗歌《奶奶的香荷包》。一家人围坐在一起读名诗、赏佳作的情景，至今历历在目。

又一个端午节要到了。前一个周四，值夜班的石榴老爸和丫丫妈妈在网上遇见，相约这个端午节两家人一同开诗会，并商定要让石榴和丫丫来联袂主持。我们

分头通知两家人，至于更多的细节，就让主持人来策划吧。

每人都有一个愿望

5月29日，星期五，端午节的第二天晚上，第107期周末家庭读书会在"石榴树下"如期举行。石榴和丫丫登台亮相了，两个同龄的小女生，穿的是完全一样的粉红色裙子。

"丫丫，我在端午节有个小小的愿望：你看咱们穿的像只小蝴蝶，我想在空中自由地飞翔。"说这话时，石榴一直望着丫丫。

"我也是。你们呢？请你们说一说端午节自己的愿望吧。"丫丫把视线从石榴身上移向大家。

丫丫爸爸：希望你们俩开开心心，学习一天比一天好！

丫丫妈妈：我的愿望就是让你们快乐成长。

石榴妈妈：祝愿我们每一个人都健康、平安、快乐！

石榴老爸：我今年端午节的愿望就是两家人一起开这个诗会，我的另一个愿望就是——明年端午节我们还能在一起开诗会！

《大国医》编剧现身诗会

"端午节就是一个驱邪、避灾的节日。因为夏天来了，有很多毒虫，孩子们容易受到虫的伤害，所以要安排这样一个节日，戴香囊，喝雄黄酒。我希望你们以及所有的小朋友都健健康康、愉愉快快，不让毒虫咬到……"

说这话的是谁呢？怎么让人明显地感到更有学问呢？他就是丫丫妈妈为诗会请来的一位特别嘉宾：河南文学院一级作家、民俗作家孟宪明。孟老师的另一个身份，估计大家会更熟悉一些：目前在央视8套黄金时间热播的电视连续剧《大国医》的编剧。

"五月端午太阳红，戴上香袋小玲珑，雄黄酒好点耳鼻，辟邪祛灾保安宁。"来参加我们的端午诗会，孟老师除了带来这样一首民间诗歌，还带来两本书：一本是小说《大国医》（电视剧就是根据这部同名小学改编的，小说的作者也是孟宪明老帅），送给石榴爸爸妈妈；另一本是他的成名作——长篇儿童文学《双筒望远镜》，扉页上写着："文学是生活的旗帜——送石榴小朋友。"

　　"我想变成骏马飞越平原，／又想变成鱼儿下河游泳，／也想变成大鹏翱翔蓝天，／我的心愿难道不能实现！"石榴依然选择了泰戈尔的作品。这首《飞翔》已经是石榴在《老师》《想念》之后，第三次在读书会上朗诵这位大诗人的儿童诗。

　　"我是一条清澈的河流／绕过你伫立的沙洲／在那个晴朗的夏日／有着许多白云的午后"。石榴妈妈和姐姐不约而同地选了台湾女诗人席慕容的诗，姐姐读的是这首《青青的衣裙》，妈妈朗诵的是《如果》："如果你愿意，我将／把每一粒种子都掘起／把每一条河流都切断／让荒芜干涸延伸到无穷远／今生今世，永不再将你想起"。

　　"当雄鸡最后一次鸣叫的时候我就到来／请他们用虔诚的眼睛凝视天边／我将给所有期待我的以最慈惠的光辉／趁这夜已快完了，请告诉他们／说他们所等待的——就要来了"，这是石榴老爸朗诵的《黎明的通知》，作者艾青。石榴和丫丫都以为这位作者叫"爱情"，好一阵嬉笑。

　　"为一种时代精神的再生／呼唤世代忠魂的日子／——魂兮归来／今天，我们白衣素服，站在何处／才能共吟你独立不迁绿叶素荣的橘颂"，丫丫一家人选择的诗作明显地与端午节更加贴近，比如丫丫爸爸朗诵的《端午的呼唤》。再如丫丫朗诵的《屈原之魂》："我来凭吊你／沿着《离骚》《天问》《九歌》……／沿着布满苍苔的斑驳历史／拾级而上／我终于能仰视你／你颜色憔悴形容枯槁／而你的精神／却在五月

▲《大国医》编剧孟宪明参加我们的家庭读书会

的阳光下／与我做了一次热烈的拥抱"。

丫丫妈妈原本选择的也是一首有关端午节的诗，后来感到题材过于集中了，临时在石榴家的书房里找到了舒婷的《致橡树》，这正是去年端午诗会石榴妈妈朗诵过的作品。看来还是名人名诗有嚼头，虽百读而不厌啊。

友谊第一，比赛第二

这不仅是一场诗会，准确地说，是一场诗歌朗诵比赛——因为还要打分，还要评奖。

▲石榴在朗读

朗诵比赛的出场顺序是会前抽签决定的。抽到一号的是孟宪明，大作家在大家热烈的掌声中第一个登台，给诗会来了个开门红。

大家都既是选手，也是评委。每个人朗诵后，其他人要为他的表现打分。满分为10分，起评分为9分，精确到小数点后一位。去掉一个最高分，去掉一个最低分，其余分数的平均值就是这位选手的最终得分。

在每一位选手朗诵后，是请评委亮分，石榴妈妈是记分员。为下一位选手打分后，公布前一位选手的得分。

既然是比赛，总要有成绩、有排名。这次朗诵比赛设了两个一等奖、两个二等奖，正好占参赛选手的一半，并且奖品不分等级、完全一样，充分体现了"友谊第一比赛第二"的原则。

与最爱的人分享

这完全一样的奖品是什么，你猜到了吗？——对，是粽子，它作为端午诗会的奖品再合适不过了，其精神意义远远大于物质价值。

特别值得一记的是，每一份奖品都是两个粽子，这便是主持人设计的一个特别的颁奖环节——"与最爱的人分享"。就是获奖者要把获得的两个粽子，一个自己享用，另一个送给现场的一位亲人或朋友。这样就可以让每一个人不管成绩如何，都能一起分享粽子的香甜和情意的温馨。

石榴老爸抽空还在思忖：假设自己获奖了，而石榴和妈妈没获奖，那么这一个粽子是跟爱人分享、还是跟乖妞分享呢？思忖的结果是把获得的两个粽子分别给石榴和妈妈，宁可自己不吃。当然，这种想法最终没有机会实现，因为石榴和爸爸妈妈都得了奖，石榴和老爸以同样的10分并列一等奖，石榴妈妈和丫丫妈妈则分别以9.94分、9.92分获得二等奖。

我们仨占据了整场朗诵比赛四个奖项中的三个，石榴很兴奋，爸爸妈妈却颇有些不好意思。

舞台终究是孩子们的

整场诗会，石榴和丫丫无疑是最忙碌的。她们要主持，要采访，要朗诵，要打分。要制定比赛的规则，还要设计各种各样的环节。尽管其中也有家长的一些点拨，但两位小女生在诗会中的出色表现仍然让人刮目相看。比如，石榴朗诵时想换上六一节刚穿过的演出服，于是两人设计了中场休息，并把所有的签分为上、下两个半场，石榴负责抽下半场，这样留给她的签就肯定是下半场的，从而保证了换服装的时间。

诗会以舞蹈《春晓》开场，以大家同唱《但愿人长久》结束，并在歌声中相互击掌祝贺诗会成功。这都是两位小主持人的创意，一头一尾均选用根据经典名诗改编的歌

▲我读，你听

舞，与端午诗会的主题何等吻合！

"我今年五十五岁了，但是参加民间的诗会纪念我们的端午节，这还是平生头一回。"颁奖之后，孟宪明在大家的掌声中起身，应邀对这场朗诵比赛进行点评，他颇有些动情，"今天的诗会比我想象的不知道要好多少倍。两个小姑娘不过才上小学二年级，那么大方，有这么多好的创意简直让我应接不暇。姑娘们朗诵的诗比我们大人朗诵的还要好，能看出都下了很多工夫。能用家庭的形式开这样的诗会，给你们提供这样的舞台，这对你们的成长不知好处有多么大！希望今后再有这样的读书会，可别忘了叫上我……"

好吧，明年端午节，我们诗会上再见！

作者简介　　刘肖，河南《教育时报》总编辑。

延伸阅读

关于家庭读书沙龙的更多内容见：

石榴树下（博客）：http://blog.xxt.cn/SL20001114

2.2 怎样组织读书会活动？

吴军委

读书会对于读书人来说就是以书会友，是一群爱书者聚在一起，分享和交流读书心得的定期活动。作为一种新型学习组织，现代读书会出现于18世纪中后叶的欧洲，当时的德国有几百个固定的读书会。西方读书会的发展，则以美国、瑞典最为兴盛，分别代表西方读书会的两大主流，前者为美国学院派的名著读书会，后者则是强调生活与学习结合的读书会。在读书会兴盛的中国台湾、新加坡等大都受瑞典模式影响。

▲在中山市图书馆举办的心语读书会上，三个小朋友在共享阅读图画书

读书会是一种群体性读书活动，读书会形式新颖，充满活力，能满足新时代自主、自由、多元、开放的学习需求，受到普通民众的喜爱，并被迅速推广，得到了较快的发展。读书会的形式可以说多种多样，形式不拘一格，主题更是五花八门。

我们如何组织一次读书会呢？组建的过程会碰到什么问题呢？我们要做哪些准备呢？这都是我们要考虑的问题。

我们总结出建立读书会所要经历的三个阶段：筹备期、发展期、成熟期。想成为一个有生命力的读书会，这三个阶段的发展都是不可少的。

▲故事妈妈给孩子们讲故事　林子 绘

1 筹备期

俗话说，万事开头难，好的开始时成功的一半。所以筹备阶段异常重要。

（一）筹备组成员要内部达成共识，确立读书会的宗旨。宗旨一定是成员发自内心的感受，不矫揉造作，不无病呻吟。

在台湾有一个"温心妈妈读书会"，它的成员都是家有儿女在小学上学的家庭主妇，为了增加知识、提升自己，以免变成没知识也没常识，每天只知柴米油盐酱醋茶的黄脸婆。她们成立了属于自己的读书会。

"温心妈妈读书会"的宗旨也是妈妈们发自内心的声音，她们的宗旨是：

- 这是一个彼此倾听的地方；
- 这是一个彼此相爱的地方；
- 这是一个可以说出心里话的地方；
- 在这里，我们用爱心说诚实话；
- 在这里我们要关心并照顾每一个人的感受，包括自己在内；
- 在这里，没有批评与指责，我们每个人可以拥有自己的看法与感觉，不必担心说错，因为不管对与错、好与坏，都没什么意义，重要的是，我们学会了彼此倾听；
- 我们的目标是超越自己，让自己的生命日新又新，而这正需要在座的每一位妈妈互相扶持、互相关怀。

▲中山市图书馆家庭阅读沙龙

这一沙龙每月举办一次，本期主题是"绘出心中的童话故事"，邀请初中生沈迅（《童话·童话》作者）及其父母与50多个家庭100多人分享阅读与绘画创作的心得。

可见"温心妈妈读书会"的宗旨定位非常准确，针对的就是家庭主妇：在家里虽然承担了最多的家务，但是往往在家里得不到理解，找不到倾诉的对象，心情比较郁闷。所以她们的宗旨强调的就是倾诉、爱心、说心里话、不批评、相互关怀。这几乎是家庭主妇们最需要的情感诉求。

（二）为读书会取一个响亮的名字。一个好的名字能够增强团体内部的凝聚力，让成员有归属感和认同感。

"温心妈妈读书会"的成员是缺乏理解和温暖的家庭主妇，所以她们给自己的读书会取了一个温暖的名字。

（三）成员的选择与来源，即哪些人参加？顾名思义，读书会是需要爱好读书的同道中人来参加，但并非每个人都适合当读书会的成员。

▲沈迅绘画作品

1. 人数：5—8人就可以开始运作。

2. 选择适合的成员

● 成员的资格：有阅读兴趣，认可读书会章程，愿意与他人分享阅读经验、能够参与读书会活动。

● 会员来源：

(a)亲戚好友同学；(b)亲朋好友介绍；(c)公司同事；(d)小区邻居；(e)相关同业；(f)志同道合的陌生人；(g) 双人组成：亲子、情侣、夫妻。

（四）读书会聚会地点选择

爱读书的人，哪里都可读。但若要能促进讨论、激发思考，当然要选择尽量安心读书的场所：

比如：清静不受干扰的地方；大家都方便到的地方；光线明亮、空气通风好的空间；桌椅可以随意更动位置，甚至搬离，以便进行各种活动。

另外，具备一些基本的工具书、或者基本的视听设备，如幻灯机、投影机等，效果会更好。

一般情况下，社区图书馆、学校图书室是较佳的选择，社区活动中心、单位或公司会议室也可运用。

（五）阅读材料的选择

材料的阅读是读书会的主要工作，却也是最棘手的工作。材料的选择必须顾及成员的能力、兴趣与时间。像短文、漫画、电影、书籍等。

② 发展期

筹备过程很艰辛，但发展期更不能疏忽大意，否则前功尽弃。

（一）搭建团体组织框架

组织架构影响到读书会的运作，理念、动机、成员人数的不同，都会形成不同的工作分配，其中并没有固定的工作模式。

一般情况下，读书会应该设立不同的组别，明确分工，组织活动时才不至于慌乱不堪：

德高望重会长一名，统筹全局工作进展；

执行会长负责落实各项工作部署，协调各方关系；

策划组：负责每次读书会活动主题的策划安排；

宣传组：负责制作活动海报，并配合布置场地（最好有美工特长人员参与）；

活动组：负责具体实施读书会的策划执行，场地的落实；

财务组：负责收缴会费、各项活动费用及预算控制。

（二）制定读书会章程

游戏规则会使读书会比较有规矩，有时候太有规矩就不太有趣。对刚成立的读书会而言，游戏规则的订定会使成员比较容易进入状态。订定规则要考虑下列事项：

1. 谁来订定规则。原则上以共同商订为宜。

2. 规则内容为何。可包括下列几项：读书会的宗旨；会员对象的资格；费用收支的规定；读书计划的拟定；活动时间安排的规定；聚会出席的规范等。

（三）选择领导人

领导人是读书会成功与否的关键所在。一个不适任的领导人会毁掉整个团体，反之则会让讨论生气蓬勃、多彩多姿。

选任的方法包括：邀请德高望重的人担任，公开征求；组织者自己担任；成员轮流担任等。

（四）读书会的宣传

亲自邀请、举办读书会说明会、座谈会或成立茶会；好友邀约、海报宣传、网络介绍等。

▲几个家庭在户外合办的读书会　　　　　张春霞提供

③ 成熟期

成熟期是读书会自我发展完善的阶段，可以向更多元化、更深层次发展。

（一）读书会例会内容的充实（流程、讨论与活动设计）

1. 开发活泼、多元的学习成长空间

2. 主活动与副活动的交互运用

● 主活动（读书会例行的主要活动）：

读书心得报告、导读、讨论、分享、专业分享、生活经验分享、轻松小品、文化小站。

● 副活动（配合主活动，举办轻松活泼、生动有趣的非例行活动，引起参与的兴趣，提高读书乐趣）：

品尝佳肴（美食分享）、参观活动（博物馆、美术馆）、音乐欣赏、会务报告、专题演讲、学习课程、幽默小品、专业分享、作家座谈、社会活动、郊外联谊、家庭聚会、跳蚤书市。

（二）读书会活动的记录与总结

把读书会每次活动的情况做个记录是必要的，为读书会以后的发展提供标本参考；读书会每次活动的总结是必须的，为读书会更好的改进提供借鉴。但记录并非事无巨细，甚至用括号记录"这里哈哈大笑"。如此举办两个小时的聚会，可能花八个小时都记录不完。可以运用回馈交流的时间，让每个人写几句今天听到的印象最深、最感动的话，"我感觉越来越充实了"

▲森林读书会   邵俊逸（8岁）画

等类似的话语，从而整理智慧结晶，做简易又精彩的会议记录。

延伸阅读

更多内容见：

邱天助著《读书会专业手册》技巧篇之"如何组织读书会",台北:张老师文化事业公司:2001年

⭐ 精品共享阅读活动推介

大学生读书会计划

一、活动目的

丰富大学生的生活,加强相互之间的交流与联系,增进彼此的理解与友谊;同时开阔大家的视野,加深对生活的思考,以及对大学生涯的规划。

▲在清华大学图书馆中阅读　　　　　　　照片提供:刘张铂泷

二、活动时间

每周一晚上7:00—8:30

三、活动地点

勤工办公室(人多时可再改动地点)

四、活动内容

话题可大可小，但都应是贴近大学生的生活，健康积极的话题，如：

1. 阅读一本好书，或看一部电影后与大家一起分享，并讨论读后感或观后感。

2. 国内外发生的与当代大学生密切相关的时事。

3. 一些学习过程中的体会与经验的交流。

4. 最近一段时间遇到的烦恼，大家一起出谋划策，共同解决。或者是有趣的有意义的事都可与大家共享自己的感触。

五、活动方式

1. 每期的话题由一名干事负责并主持，一个话题活动结束时就确定下一个话题的内容。

2. 搜集相关话题的访谈节目或讲座。

3. 集体观看相关话题的有声资料，之后围坐成一圈，以茶话会的方式轻松交流。

4. 话题讨论适当的话可以采用辩论的形式进行。

5. 每期的读书会都应做记录，并总结经验。

6. 可邀请资深的老师或同学参加，并予以评价。

备注

1. 读书会先在宣传部试行，成功的话可邀请中心的其他部门，进而推广到整个中心——"中心读书会"。

2. 中心以外的同学，尤其是贫困生，都欢迎参加。

资料提供：集美大学财经学院勤工俭助学服务中心

教师读书会计划

前苏联教育家霍姆林斯基说过："无限相信书籍的力量，是我的教育信仰的真谛之一。"教师这种特殊的职业决定了每一位教师成为"读书人"是一种职业召唤，一种义务，一种责任，因此营造书香校园，教师必须成为学生读书的楷模。为了加强"书香校园"的建设，增强教师的读书意识，促进教师的专业发展，我校成立了教师读书会，由理事会制定了2009年计划，并征询会员意见。

一、读书会活动目标

1. 通过读书，在教师中形成积极进取、努力学习的氛围。

2. 通过读书，促进教师专业成长，构建学习型教师团队。

3. 通过读书，营造书香校园，构建文化学校。

二、读书会口号

与经典为友，为人生奠基

三、读书会活动安排

1. 元月10日左右为会员发放教师购书卡，教师可利用假期自己选购专业书籍或自己喜欢的书籍。每学期每位教师读1—3本书籍。

▲在北大图书馆中阅读的女教师　　照片提供：任翔

2. 开学初每位会员交一篇读书心得或体会，字数不限，文体不限，可上传至市一中教师读书会qq群空间，也可发至邮箱。（如上网实有困难，可将书写稿交至总务处。）

3. 所有会员可加入市一中教师读书会qq群，在qq群中交流读书心得和体会，也可以通过此向读书会提一些建议。

4. 每学期进行1—2次读书心得交流。具体时间根据我校时间灵活安排，及时通知大家。会员可随时把自己写的读书心得发至市一中教师读书会qq群空间。

5. 利用网上资源，由理事会和各教研组每周推荐一篇文章，内容涉及新课改、一线教师的教育随笔等，发布在校园网教育科研专栏上或qq群空间，老师抽时间阅读。

四、活动形式：不拘一格，自由而宽松

1. 信息交流（交流最新的教育理论或新书）

2. 读书沙龙（茶话式的交流，不限定具体题目）

3. 话题商讨（分组讨论跟本专业相关的读书心得）

4. 听专家讲座（邀请名家交流座谈）

5. 问题讨论（制定主题，不定期地讨论交流）

五、读书会活动流程

1. 发布中心话题（或自选读书主题）

2. 自读、自研

3. 讨论、交流

4. 小结（专家引领）

5. 形成文稿，先期在校报开辟专栏，后期成熟后可汇集成册

6. 外出学习交流（以书会友、以文会友、拓展视野、提升交流）

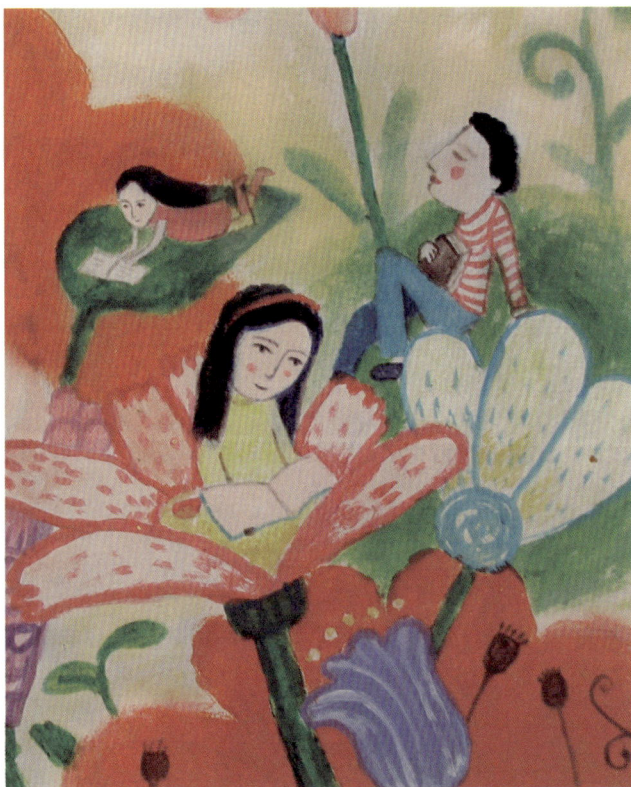

▲阅读，美丽的生活方式　　　　　　林子 绘

六、几点说明

1. 读书会自愿加入，因此凡签订读书会会员申请表的会员即认为同意本会章程。因此读书交流活动会员无特殊情况一律不得缺席，同时保证每学期有不少于2篇的读书心得和体会，字数不限，并作业绩考核；

2. 条件成熟时，实现校园网和qq群空间的共享，开设网上读书会，让更多的人参与；

3.精心打造读书会品质，努力使之成为"文化一中"的一个亮点。

4.本会是开放式组织，会员可随时填写会员申请表申请加入。

小·链接

更多内容见：

青春·书：http://xxjs.e21.edu.cn/WebBuild/84/illation/dushuhui.html

这个网站提供教师读书会计划、读书会章程、读书协会会员申请表等内容。

2.3　爱与欢乐的送礼人——故事妈妈

徐　萍

2007年7月儿童文学作家漪然发出"阅读童年、收获梦想——公益小书房与您一起守候孩子的成长"的倡议书，号召大家加入公益小书房儿童阅读推广行动，为0—14岁孩子，在国内100个城市建立成熟的公益阅读平台，建立1000个站点开展阅读活动，推荐1万册以上的经典儿童文学作品，使孩子们能够从早期阅读的体验中一生受益。我看到之后，立刻申请加入了志愿者行列。同年11月，公益小书房青岛旗舰站正式起航了。我们在义工捐赠的基础上建立了童书阅览室，向家长和孩子免费开放。两周举办一次主题读书会活动，主要包括5岁以下、5岁以上故事会（有手工、画画等延伸活动），同期开展父母沙龙活动，

▲故事妈妈徐萍走进课堂，给小学生讲故事《一园青菜成了精》

为父母解答交流亲子阅读中的困惑，交流亲子阅读的经验。与此同时，不定期开展了专场故事会和大型阅读推广会，还有公益小书房走进小学及幼儿园的活

动，由义工协助老师开展班级读书会活动。

算起来，我坚持亲子阅读8年、做故事妈妈已经3年了，除了在小书房为孩子讲故事外，我也到学校说故事。不是"教孩子学会阅读"，而是"帮助孩子爱上阅读"，做一个"爱与欢乐的送礼人"——故事妈妈，本来就抱持着帮助别人、愉悦自我的态度，念故事给孩子听的幸福感觉是我最好的精神食粮，我喜欢童书，也喜欢孩子，跟孩子们在一起共读时，除了更加领略书中的趣味外，也因此更加了解小孩子，有小孩子为伴，我觉得自己很年轻，感谢孩子们带给我的活力与快乐。在阅读分享的过程中，我也在一直不断地学习，除了自己要精益求精外，在这里想将一点故事妈妈的成长经验分享给大家。

① 说故事的准备

毋庸置疑，一个人只要有说话的能力，就具备起码的说故事条件。但是，要想说好故事，事前的准备功课一定得做，否则将会影响说故事的流畅性与精彩性。一般来说，要对儿童说出一个精采又好听的绘本故事，需要格外的注意：

1. 一定要选一个能让自己喜爱或感动的故事。唯有如此，才有可能借由情感（或感觉）的真诚投入，将它说得也让孩子喜爱与感动。

2. 说故事前要先熟悉故事的内容，不断练习，有助于说故事的人在说故事时能表现得更为自信与流畅。

目前童书出版尤其是绘本的出版渐趋丰富，可选的余地比较大。我每次准备故事会，都会选择某一相关主题的绘本故事书，或者选择同一作者的作品一起欣赏，这种分不同主题意义来引导推广阅读，可以帮助孩子们做更深入的阅读。另外很重要的一点就是，选择故事要考虑不同年龄有不同的阅读方式和适读性，比如2—3岁的孩子要求情节简单、贴近生活、语句有节奏感，4—5岁的要求情节紧凑、启发想象、语句口语化，6—7岁的则要内容充实、视野广阔、语言更细腻，7—8岁的要风格多元、学会思考、语言更个性化。强调一下，有些故事很适合亲子共读，但并不一定适合作故事会用书，比如细节很多的绘本（如"14只老鼠"系列）不太适合很多孩子一起共读，最好不要选，否则，故事会的效果会大打折扣。

▲公益小书房青岛站在户外进行儿童阅读推广，徐萍在给孩子们讲故事

　　我平时比较注重收集国外、宝岛台湾等地的主题推荐书单，我倾向于选择反映儿童对自己、对他人、对社会、对自然万物的真挚情谊的主题，比如信心、努力、责任、主动、毅力、关怀、团队合作、解决问题、环保等方面的书，这样一来，故事具备一定的启发和意义，在讲述过程中可以让孩子能有所体会，值得与儿童一起阅读思考与讨论。

　　在开放的场所讲故事，可能要历经两项挑战，第一项挑战是不确定有多少人会来听故事，第二项挑战是不知道来听故事的是谁、年龄段如何。所以每次故事会之前要尽可能多准备几个故事，根据情况作调整。有时候还会面临听众随时来去的状况，有的人懂得保持安静，有的人却一点礼貌都没有，来去时都大声喧哗，如入无人之境般，一点儿都没有顾虑别人的感受。而我要顾着说故事，无法分身处理，只好尽量拉高嗓门或稍停一下、使一使眼色，在自己不受影响的状况下稳住现场气氛。所以故事的选择要有趣味性、吸引力，才能最大限度地保证故事会的效果。

② 说故事的技巧与方式

故事人人会说，可是同样的故事，为什么有些人讲得生动活泼？有些人说得平庸无味？可见说故事是有技巧的。简单地说故事，可以单纯地从口述故事，或照着书本读的念故事开始；或运用图画书、运用音乐、放映多媒体、借助道具玩偶等来说故事；或与孩子谈论、问答为主地谈故事。因为说故事场所、对象和目的性的不同，要能将故事说得恰到好处，要引起听者内心的共鸣进而产生交流，就全凭说故事者在说故事时传达故事技巧的高低。想要成为一个成功的说故事人，学习说故事的技巧是不可避免的学习过程。若能懂得一些说故事的技巧，必定会十分吸引孩子。多观摩与学习别人的技巧，并且寻求批评与指教，将更有助于自己说故事技巧的精进。

故事妈妈服务的对象是孩子，自然要有一颗贴近孩子的心。贴近孩子的心，便是在掌握儿童的特色。倘若说故事给孩子听，仍然抱着一付"我在教你"的严肃心态，势必引起孩子的反感。故事内容从铺陈、冲突、高潮到结束，变化起伏的情节，如同在进行一场"听"的游戏，孩子肯定爱得不得了。说故事其实就是陪着孩子一起玩游戏，没有人会将游戏变成刻板的教条，游戏要轻松愉快、好玩有趣才能吸引孩子。说故事不说教，才能达到"故事游戏化"的需求，如果听故事好像在学校上课，孩子一定不会喜欢。

说故事的方式很多种，不用语言而能传递一个有情节的事件，只要能让参与的孩子体会叙述内容的情节，甚至激发孩子另一层的想象，都算是说故事。例如大卫·威斯纳的《七号梦工厂》，这本图画书从开始到最后，没有一个文字在叙述整个故事内容，只是借由一页又一页的图画，表现一位小男孩在纽约帝国大厦遇上一朵调皮的小云，跟小云来到制造云的七号梦工厂，小男孩修改了云的蓝图，制造一连串的骚动，最后工厂设计师依照小男孩的蓝图，制造出一朵朵鱼形的云。若只是依赖文字照本宣科的故事妈妈，拿到这样的图画书来说故事，便可能会遇到困难。其实只要搭配适合的音乐，一页一页翻给孩子阅读，让孩子自己去解读图画书的内容，不需任何语言，图画本身正在讲述一个故事呢。

台湾儿童阅读学会顾问林伟信教授曾总结说，目前台湾推广说故事与读绘本的团体中，对于如何跟儿童说故事与读绘本有两种主要的、但是非常不同的看法。其中一个是林真美女士所创立的"小大读书会"，她们强调原汁原味的说故事与读绘本的方式，即面对儿童，手持绘本，尽量按照"有字读字，无字静静翻书"的原则，不用加入太多个人的表现，或是一些看似花俏、但事实上并不需要的赘词累语，让儿童直接和绘本故事面对面地从文学（文字的倾听）和美学（图像的关注）的角度去欣赏绘本故事。这是一种比较"简单、安全"的方式，比较容易推广应用。在读绘本的过程中，可以适度地以情感及不同语调来加强声音的变化与想象，吸引儿童对故事的关注，但是尽可能不中断文本、添加感想、评论或进行发问、讨论，所有的感想与讨论，可以在阅读告一段落之后再进行。或者设计、安排一些延伸活动作为阅读上的衔接。

　　另一个推广说故事的团体"毛毛虫儿童哲学基金会"（林文宝担任董事长），则有非常不同于"小大读书会"的看法。他们从"思考学习"的角度出发，借由故事来引发儿童的"关切"与"问题"，跟儿童进行思考与讨论，从而逐步引导儿童学习与养成合理思考的习惯。因此，在他们看来，绘本故事只是一个引发或引导思考讨论的中介媒材，在说故事的过程中，重要的是，说故事的人如何去觉察儿童在听讲故事中所关注的问题与疑惑处，并且要能适时地点出这些问题与疑惑处，与儿童们进行有效的讨论。

　　相较于"小大读书会"的说故事与读绘本的方式，"毛毛虫儿童哲学基金会"这种强调以"讨论"为主调的"合作思考法"的说故事与读绘本的方式，就是一种在故事进行中，随时准备与儿童进行对话与讨论的说故事方式。因为儿童的思考常是天马行空、不易掌握，所以这样的说故事方式常常会充满一些"不可测的危险"，比如孩子们会偏离故事，问一些奇怪的问题，或孩子们的反映与你预设的情景背道而驰等等，从而让你讲故事的前景充满了不可预知的麻烦。但是，这种讲故事的方式也有好处：一方面，对讲故事者是一种挑战，需要讲故事者善于"聆听"，并能引导儿童学习聆听别人的说话，进行有效的对话与讨论；另一方面，对听故事的儿童也有很大的好处，让儿童在团体中学习与他人合作、进行思考的探究，从而让儿童养成"帮助别人"以及"学习接受别人帮助"的习惯。

虽然，上述这两种说故事与读绘本的方式各有不同的主张与坚持。然而，当实际进入对儿童说故事的现场时，我们将会发现，事实上没有哪一种说故事的方式是"一定必须如此"或是"绝对是最好的"。因为，不同的年龄、不同的团体以及不同的状况常会有不同的需要，同时，有时候为了不同的目的，也常是必须要穿插并用不同的说故事方式。也因此，对故事妈妈来说并没有所谓"最好的"说故事方式。这里只是提供一些参考和经验，让我们在既有的说故事基础上做修正，或是改变自己的观念和态度；不是提供一套标准模式叫大家依循。讲故事没有标准模式，我们会因故事种类、说故事情境、时间、听故事对象随时调整作法。事实上，当我们对儿童多说几次故事、多累积几次经验之后，你将会发现只要"你能说得自在，儿童也能听得快乐"，那就是最好的说故事的方式了。

③ 低年级图画书共读示范记录——一次班级读书会

记录时间：2008年11月12日

上周由于期中考试的缘故，停了一次班级读书会，今天去补上了，孩子们一见到我，高兴得不得了。大声和我打招呼，有问今天又讲什么故事的，有拉着我的衣服向我汇报她妈妈去书城给买了《一园青菜成了精》、《蚯蚓日记》的，还有干脆接过我的手袋翻书看了，俺的心里甜滋滋的。

考虑到壮班里（注：大壮是本文作者的儿子）周六去小书房参加活动的孩子不多，所以今天的主题和本月小书房主题一致，也是三只小猪的故事。

我刚在黑板上写下"三只小猪"四个字，就有同学喊起来，这故事听过。可是，阿姨今天带来的比那个传统的三只小猪的故事好玩有趣多了呢。

先问哪位小朋友愿意和大家讲讲自己知道的"三只小猪"的故事，哇，几乎都举起了手：×××起来说故事，猪老大和猪老二偷懒，用稻草和木头搭房子，都被大野狼给吹倒了，只有猪小弟勤劳不怕苦，建了个砖头房子，大野狼吹不倒，最后从烟囱里掉进去被烫死了。

我们一起总结说这个故事教育我们：做任何事情都要扎实认真，不能偷懒或贪图轻松。另外，砖头盖的房子最坚固最安全。还有，最重要的一点，大野狼是坏东西，他吃小猪！

接下来，《三只小猪的真实故事》里，狼可不认为自己坏，他变成了一只戴着眼镜、彬彬有礼的狼，他说他被冤枉了，是一个无辜的受害者。一页一页读下来，引导孩子们注意图画中的细节，小朋友们都听得非常认真。

▲三只小猪的真实故事

书看完了，我问孩子们，狼真的是被冤枉的吗？你觉得大野狼说的是真话吗？有小朋友回答是冤枉的，狼本来就吃猪肉，他去借糖，小猪不给，画面中小猪还那么凶恶，是小猪不对。哈哈。

我告诉孩子们，书中图画看似帮助大野狼找借口辩解，其实却引发我们

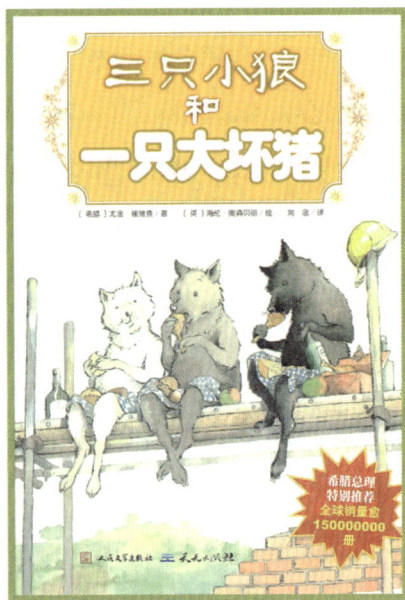
▲三只小狼和大坏猪

进一步拆穿他的谎言。你看，狼吃的汉堡里、给奶奶做的蛋糕里都夹着兔耳朵、羊尾巴，书封面是《大野狼日报》，这份报呈现狼的观点，而后面《小猪日报》上则有不同的报道。生活中，面对同一件事情，不同的人站在不同的立场，往往会有完全不同的说法，他们总会为自己找理由辩护，说别人的不对。但事情的真相只有一个，我们不要轻易相信任何一方，而要仔细观察、分析，得出正确判断再下结论。这就要求我们学会擦亮眼睛看问题，明确辨别是与非！

也许这么小的孩子还不能体会这么

深，所以我带给他们另一个改编版的故事——《三只小狼和大坏猪》。狼和猪的角色交换了。传统的《三只小猪》故事告诉我们，房子盖得越坚固就越安全，可是事实真的如此吗？

三只小狼小黑、小灰和小白，离开妈妈合力盖了坚固舒适的砖房，被大坏猪用大铁锤敲坏，第二次盖的水泥房子，又被大坏猪用电钻弄垮了，第三次小狼们建了个钢铁房子，被大坏猪用炸药炸掉了。三个小狼夹着尾巴落荒而逃。

在这里，我做了一下停顿，问小朋友，接下来小狼们还要盖什么样的房子才不会被大坏猪破坏掉呢，孩子们的答案五花八门：石头房、电房子、火箭房子、机关房子……还是上周六去过小书房活动的小朋友揭开了谜底。最后三只小狼，以花朵和木材盖了花房子，大坏猪用力吸气，准备把房子吹垮的时候，闻到了花香。他的心软了，变温柔了，他高兴得和小狼们一起跳起舞来，变成了大好猪！

三只小狼和大坏猪的故事给我们提供了很大的思考空间，让孩子们体会到，美的环境可以改变人的性情和行为。美是对付敌人最好的武器！讲完这些，时间正好到下课。

从三只小猪和大野狼，到三只小狼和大坏猪，引导孩子由逆向思维到想象力的提升，延伸到美的学习和创造力的培养，可以说，今天的班级读书会非常成功！

孩子们兴奋的表情、声音之大，让我差点控制不了课堂了，说好下周三继续讲大卫·威斯纳的《三只小猪》以及《小笨猪和大坏狼》之《小心，普莱墩儿》。

2.4　动手做童话——亲子手工折纸课堂

黎顺爱

【编者按】广州少年儿童图书馆有一位擅长折纸的明星馆员，深受小读者和家长的喜爱。她就是本篇的主人公黎顺爱。做手工是常见的、广受欢迎的共享阅读活动。

折纸活动记录

2008年6月1日，广州少年儿童图书馆为到馆的幼儿读者献上了一份节日礼物——"动手做童话"活动。这次活动面向7岁以下的儿童和他们的家长，他们在宽敞的充满童趣的幼儿室度过了一个半小时的快乐时光。所谓"动手做童话"，就是通过讲童话故事，认识童话中的小动物，然后用纸折出故事中小动物的模样，让童话里的角色跳出书本，活灵活现地展现在小朋友面前。我们希望通过这项活动吸引小朋友爱上阅读和图书馆。

▲ "动手做童话"故事会现场，卢老师在讲故事

小朋友们对这一活动表现出浓厚的兴趣。活动开始前，小朋友和家长们开心地围坐在桌子周围，桌面上摆满了五彩缤纷的折纸作品。有茂盛的大树；威武的老虎；憨厚的大象；可爱的小熊；机灵的小兔、老鼠；会飞的纸鹤、和平鸽、小鸟；蹦蹦跳跳的青蛙；优雅的长颈

▲在"动手做童话"折纸活动中，黎顺爱教小朋友折纸

鹿、斑马；高雅的钢琴；时尚的手表、照相机；漂亮的花篮插满了颜色鲜艳的康乃馨、玫瑰花、百合花、郁金香；还有好玩的小船、雨伞……好似一个快乐的动物乐园，在这里，人和动物一齐举行了一个和谐欢乐的派对。

活动开始了，首先安排的是讲故事。工作人员（小朋友都叫她卢老师）向小朋友讲述了《将来干什么》（汤素兰著）、《再也不喳喳了》（王蔚著）和《尖嘴巴和短尾巴》（王一梅著）这三个童话故事，小朋友听得津津有味，而且对当中小主人公的经历都说出了自己的看法。

接下来是手工折纸活动，由我带领大家来做。我手把手地教小朋友们折出可爱的小猫、机灵的小兔子、蹦蹦跳跳的小青蛙等作品。这些动物形象都是前面的童话故事中出现过的角色。在孩子们的认真观察和钻研摸索下，一个个稚嫩而可爱的小动物在他们笨笨的小手下成型。手工折纸是一个手脑同步的活动，它要求孩子眼到、手到、心到，才能做出好的作品，而在这一过程中，孩子们将建立起自信，变成心灵手巧的孩子。

"动手做童话"活动将讲故事和手工折纸这两种都受小朋友欢迎的形式结合起来，取得了很好的效果。我们还请家长现场填写《活动反馈表》，请大家为我们提意见，以帮助我们在今后改进工作。在活动的过程中，我们收获了家

长们对这次活动的好评。家长肯定了这项活动对培养小朋友多方面的兴趣以及增加亲子沟通都有帮助。有很多家长也非常用心地跟我学习折纸，在他们折出作品之后，露出与孩子一样的喜悦之情，这令我非常自豪。他们平时工作都很忙，没有时间学习折纸技巧，通过图书馆组织的折纸课堂，家长和孩子都学会了折纸，可以想象，这会给他们今后的生活注入新的内容。

怎样组织折纸活动？

为了进一步分享"折纸明星馆员"黎顺爱的经验，中国图书馆学会阅读推广委员会派出特约记者邓咏秋，对黎顺爱进行了采访。

1 问：你从哪里学会这么多折纸技巧？

答：我学会折纸是从书本上和找资料自学的。我是图书馆员，并不是专业的折纸老师。因为图书馆要搞活动，当时我就设想在我馆幼儿阅览室开展亲子手工折纸课堂，由我来负责教授折纸。所以我经常会带着书本回家去研究，因为有的作品不一定按着书本就能学会，有时会遇到一些困难，我还要请教别人。刚开始我都是边学边教的，到现在就熟练很多了。我们这个活动是免费教授儿童折纸的，受到小朋友和家长的喜爱。

2 问：如果让你对其他图书馆（或幼儿园）的老师谈谈组织折纸活动的经验，你会怎么说？

答：其实我在组织折纸活动上也谈不上有什么经验，还是在不断的学习。我对折纸也很有兴趣，很喜欢小朋友。当时我觉得可以尝试一下作为幼儿亲子活动来开展，结果活动开展以后小朋友和家长很喜欢。每次活动完了以后都有很多读者问我们什么时候再有折纸活动。每当我看到小朋友学会了折纸、拿着自己亲手做的作品高兴的样子，看到他们脸上露出的那种喜悦，我也感到很欣慰，更激发起我对折纸艺术的不断探讨学习。我觉得这项活动可以在图书馆和幼儿园里大力推广。

其实，组织折纸活动，一点也不难。我认为，只要注意以下三点，就可以了。

第一，要有爱心，喜欢小孩子，愿意跟小孩子一起玩，并且乐在其中。在这过程中小朋友也把爱回馈给我。

第二，做好准备工作。要根据故事或活动的内容精心细选一些小朋友喜欢的有动感有立体感的动物和物品。在每次活动之前，我都会预先把要教的折纸先做几次，遇到难题我还经常带书本回家研究。因为要做完家务才有时间去做，所以有时做到晚上12点多还未能睡觉。在每次折纸活动开始之前，我根据活动的主题和折纸环节的内容先向小朋友提一些问题，对答对问题的小朋友，我会准备一些事先在业余时间用胶管或纸亲手做的小星星和花朵小礼物奖励小朋友，小朋友就感到很开心，非常珍惜，有的小朋友还将每次活动取得的礼物珍藏起来。礼物虽小但在小朋友的心目中分量是很重的。

第三，在带领小朋友折纸的时候，特别需要耐心。对折纸的每一个步骤非常耐心地对小朋友作讲解指导，不厌其烦地回答每个小朋友和家长提出的问题。好几次讲到喉咙都沙哑了。

在折纸活动中，设计折什么样的作品，是一个需要动脑筋的问题。

一方面可以结合童话故事，用纸折出故事中小动物的模样，让童话里的角色跳出书本，活灵活现地展现在

▲黎顺爱折折作品

▲黎顺爱和孩子们在折纸

他们自己的手下。小朋友对这样的活动很喜欢。

另一方面，可配合不同的节日，教小朋友折一些有代表意义的作品。如：母亲节教小朋友折漂亮的康乃馨、百合花送给母亲。父亲节教小朋友折玫瑰花、精美的手表、礼品盒等礼物送给父亲。让小朋友当场把亲手做的礼物送给父母亲，面对面对着他们的父母说"妈妈我爱你，谢谢你！""爸爸我爱你，谢谢你"，来表达孩子对父母的爱，培养小朋友从小要懂得爱父母，孝顺父母，感恩父母。当父母收到孩子亲手制作的礼物时非常感动和开心。在活动现场，我还听到很多家长高兴地对着孩子说：回家我也要做一个送给爸爸妈妈（指孩子的爷爷奶奶外公外婆）。场面真是很温馨感人。"六一"儿童节我教小朋友折向日葵，寓意小朋友是祖国的花朵，祖国的希望。在迎奥运期间，我教小朋友折和平鸽，寓意着世界和平。2010年第16届亚运会在广州举办，为迎亚运盛事，我们开展了"做好东道主，齐齐识亚洲——亚洲童话故事、手工折纸巡礼""亚运齐参与，故事齐分享——手工折纸"活动，我教小朋友折了广州市花红棉花和亚运会吉祥物——祥和如意乐羊羊等有寓意的折纸作品。

③ 问：你带小朋友折纸多长时间了？在这过程中，发生过什么让你难忘的事吗？

答：我从2008年开始教小朋友折纸，至今已有三年了。在这过程中也有一些难忘的或者说是有趣的事情：

很多家长说他家小朋友自从参加了我们的折纸活动以后，动手能力强多了，人也变得开朗了，而且也爱看书了，特别喜欢到图书馆来参加我们的活动。

为了参加我们的活动，有个小男孩连家长要带他去白云山旅游他都说不去，要来图书馆学折纸；有个小女孩感冒了要去看病，她看完病都急着赶来参加这个活动；有的小朋友一大早就把家长吵醒要他们带他来图书馆学折纸；有的小朋友定时来参加活动；有一个小朋友在看到自己亲手做的作品非常高兴，他说："这个折纸活动我终身都不会忘记的"；有些小朋友从三岁开始一直到读了一年级还继续来学折纸。

还有一次我教小朋友折护士帽，折完以后，小朋友正着戴，是非常像个小护士，有一个小朋友戴着戴着，突然把帽子反过来带，他非常开心地对我说："黎老师，你看，你看，我这样戴，像不像济公帽呀。"我一看都笑了起来，哈哈——还真有点像哦。小朋友的想象力是挺丰富的。

有些家长也很投入地跟着学折纸，在课后，还是意犹未尽地继续研究。有位家长要参加儿子的毕业

▲ 孩子们自豪地展示自己折出的手表（黎顺爱指导作品）

典礼，特意来找我教她折一枚勋章送给老师。还有幼儿园园长也带他们幼儿园小朋友来参加我们的活动。

还有值得一提的是，一位姓何的家长，几年以来一直参与和支持我们的活动，她在带儿子到图书馆阅读学习之余，主动申请当义工协作我们的工作，向小朋友派发折纸材料，维持秩序，对读者充满爱心。在她的影响下她的儿子一有空也来当义工，帮忙整理图书，这个可爱的小义工受到大家的喜欢。

通过主持这项活动，我虽然付出了很多的精力和时间，但感到值得。从中也获益良多，得到了很好的锻炼，提升了自己组织活动的能力，也分享到小朋友和家长的喜悦和快乐。

❹ 问：你能不能现在就教我们一款简单好玩的折纸作品？

答：好啊。我们一起来折时尚手表吧。

附录　手表的折纸方法

1. 准备一张正方形纸。

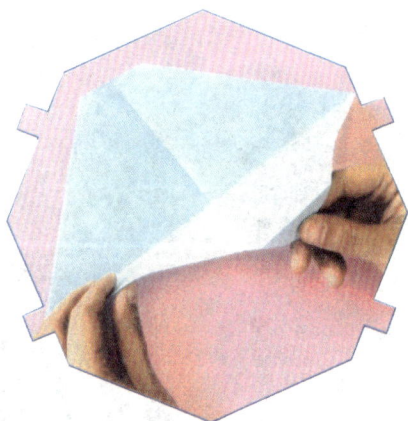

2. 沿对角线折出折痕，再把两个角反折。

3. 再向对角线对折。

4. 翻过来，再对折。

5. 把两条长边向后面折，再折回来。

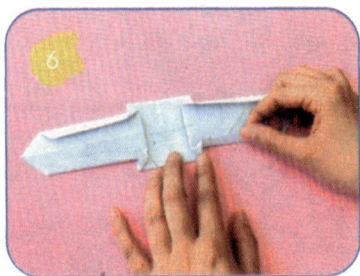

6. 把四条边如图折。

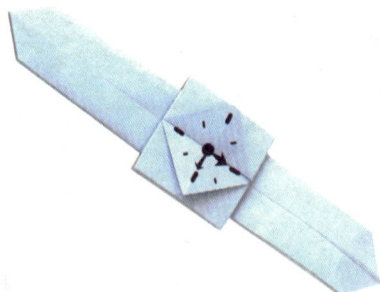

7. 在表盘上画出指针和刻度。大功造成。

特别提示：戴的时候把两个表带插在一起就扣上了。

折纸方法及图例选自：《快乐宝贝手工乐园（提高篇）》，盛世华年文化传播有限公司编写，北方妇女儿童出版社2004年版，70—71页。

2.5 看，我们把绘本搬上舞台

贝拉陈

2009年，岁末，在小书房郑州站成立一年半之后，我们几个资深义工很想搞点什么，一来庆祝新年，二来为这500多个日子的风雨兼程作点纪念。可是具体要搞什么，怎么搞呢？

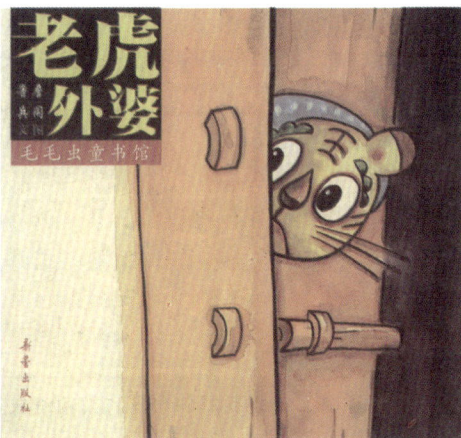

▲《老虎外婆》封面

▲《老虎外婆》内页

正当大家众说纷纭，一筹莫展之际，郑州新华书店购书中心宣传部主任，也是我们书房志愿者之一的栗子递来橄榄枝。他们单位要搞一个庆新年大型读书宣传活动，希望能和我们合作。初步商谈之后，双方一拍即合。小书房郑州站负责节目之一——人偶剧《老虎外婆》的编排和演出。2010年是虎年，而把鲁兵原著的图画书《老虎外婆》改编成人偶剧也挺应景。同时让我们的孩子能够亲身体会一下，好看的绘本还可以这样用——虽然这老虎是只坏老虎，而且下场悲惨。呵呵……

活儿是应承下来了，但具体工作怎么做呢？大家又一筹莫展，虽然读书会已成功举办N次，但人偶剧的制作排演，我们还真是破天荒第一次。本想学习下小书房其他站点的经验，结果翻遍活动记录，竟然发现无章可循，无鉴可借！

怎么办？知难而退？还是知难而上？

哨儿说："上，我们别无选择！"（哨儿是小书房郑州站的联络人，也是我们的核心人物）

好吧，一切行动听领导指挥，我们都是好同志，不但要干，还得努力干，好好干！

经过小书房义工们几次开会，该剧的编剧及总导演由呼声最高的叶子妈担纲，能者多劳嘛！叶子妈是教授计算机的高校教师，编剧、导演是她的业余爱好。其实，对于我们大多数参与者来说，平时所做的工作与演剧都没有关系，大家都是赶鸭子上架，摸索着来的。唯一在这次活动中利用到了自己的专业优势的，是我们的摄像畅畅爸。他负责这次演出的视频录制。

除导演、编剧工作由叶子妈担纲之外，其他诸如宣传、策划、道具、筹备、演员征集、配音、制作、摄像、监制等工作，均由小书房的义工们自由认领外加导演摊派，大家分工协作。总计，参加这次活动的大人达十七八个，孩子大概有十个。

叶子妈很快编好剧本，大家又七嘴八舌地推敲一番后，定稿。众义工人手一份。然后就开始了第一项工作：配音。一开始我们商议是不是不需要配音，演员背好台词后上台真人同期传声？但很快就意识到这要求难度系数忒大，不是这些业余龙套演员可以搞得定的，只得放弃这一方案。

▲老婆婆扮相

▲我们演出的人偶剧《老虎外婆》剧照

那么，同期配音呢？考虑再三，还是觉得不妥，一来我们人手不够，二来无法预料现场情况。为谨慎起见，我们决定还是先搞好音效配音，演员们记好台词，现场对口型吧！决定之后叶子妈本着任人唯亲的原则，钦定了配音演员：帆妈、宁妈、哨儿，还赶鸭子上架把我也叫上（她说使唤方便）……

但这时候又遇到难题，哨儿自己在家试录后的mp3传给叶子妈，叶子妈在合成过程中发现效果很不理想。一计不成再生一计，叶子妈号召众配音者干脆去她家统一录制算了。该决议得到大家高度认同，虽然年底了，大家各有自己的工作要忙，但为了活动能成功举行，我们还是克服了种种困难，如约在午休时间来到叶子妈家。

录音真不是件轻松的事啊！不同的角色需要不同的音色，不同的场合语速声调也要在变化。叶子妈真不愧是总导演，她根据我们音质

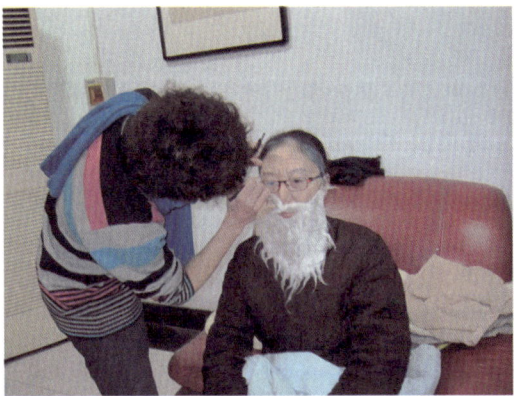

▲正在化妆

的不同，分派我们扮演合适的角色。但这毕竟不是晚上临睡前、床头灯下的亲子阅读，不是照本宣科，不仅仅是有感情的大声朗读。我们看着剧本反复揣摩角色语音语调的变化，一遍不行，再来一遍，叶子妈耐心指导我们要如何拿捏腔调……虽然只是配短短的几段话，却耗去了我们几个小时的时间。大家的嗓子都哑了。

也许我们的配音不是最完美的，可能甚至连完美都谈不上，但我们确实尽了最大努力，发挥了最佳效果。

终于搞定了配音，演员征集结束，名单也已确定，接下来就该忙活服装道具了。

服装方面，只有老虎这一角色，书店有现成的行头可用，其他演员的服装只能另想办法。扮演老爷爷的泉妈打算自己去租套演出服，但提议被大家否决。小书房是公益组织，本身就不产生任何利益。活动没有经费，让义工自掏腰包显然不经济也不妥当。再说了，十人十个脑，办法一大套，总是能够找到解决方案的。众演员在义工QQ群集思广益，最后觉得服装包括道具都可以自行解决。有现成的就用现成的，没现成的就由能抽出时间的义工动手制作或者改造。

▲我们自己做的道具
馒头是我用笆斗和卫生纸裹报纸做成的。炮仗是泉妈做的。

最后终于全部搞定。演员服装有些是自己搭配的。像小朵朵，就是由扮演者帆妈自己搞定。老爷爷的棉袄，是我翻婆婆箱底找的公公的旧棉袄，腰带是我的围巾。道具像扁担啊，篮子啊，我家正好有竹竿，以及下乡时在集市上买的竹筐。灶台、螃蟹、馒头，都是废物利用自己动手做的。

▲神勇的捉鱼老伯伯

好了，准备工作就绪，我们开始了紧锣密鼓的排练（由于时间紧，实际上只排练了两次，因为平常工作日大家抽不出大段时间，只能等周末，而且也要看排练场地是否有空）。排练地点，栗子安排在书店6楼会议室，大家热情很高，每次排练都积极认真。当时正是一年中最冷的时候，其间还一直在下雪。可是没有一个义工迟到、早退，大家都尽职尽责地以最大的努力完成自己的任务。

终于到了活动那天，《老虎外婆》被排在首位出场！

活动是下午两点半开始，我们11点就到节目演出现场做准备：演员化妆、服装道具、灯光音效、摄影摄像，再次一一检查，确认万无一失。大家忙忙呼呼，群情激动。连那些赶来扮演小鸭子的义工小朋友们也认真听话，一遍一遍，不厌其烦地走场、排练。那么一群孩子，大小不一，年龄不等，最小的可能只有三四岁。在长达一个多小时的时间里，没有一个哭闹，没有一个叫嚷。让我们这些做大人的都感动不已……

活动准时开始，我们精心准备半个多月的好戏终于上场！

看到台下孩子们开心的笑脸，家长们赞许的神情，我们终于可以欣慰地舒口气了。

现在回想这次木偶剧的从筹划到表演，仍有许多感悟，特别是一些注意事项，我罗列下来，希望对大家有所帮助：

1. 要有一个交流的平台。

▲货郎大哥哥扮相

▲全神贯注看演出的父子

我们为了这次活动，特别临时建立了一个QQ群，名字叫做：老虎群。义工们平时是在群里商量活动细节的。

2．有一个总指挥。俗话说得好，众人拾柴火焰高，星多天空亮，人多智慧广。这次木偶剧的表演成功，和大家的群策群力、积极热情是分不开的，大家为服装的选配、道具的制作真可谓用心良苦。

但是，正是因为人多，有一个能宏观调控，运筹帷幄的总指挥、总导演，更加成为必不可少的一个环节。

3．演员一定要有候补。我们第一次排练时，就有演员临时有事不能到场，而缺人的话，走场就无法到位，幸好候补的演员也很合适。

4．排练一定要两次以上。因为是现场演出，除了台词必须熟稔于心，各演员之间也需要时间切磋磨合，另外，服装、道具如果不合适，在排练过程中更容易发现问题在哪，如何改进。

5．事无巨细，一定要面面俱到，尽可能地准备细致。譬如灯光、音效，这些也是关键问题，任何细节卡壳，都会造成难以弥补的遗憾。

6．演员们演出前务必熟悉舞台，能走场热身最好。

▲坐无虚席

延伸阅读

这次演出的实况视频：

人偶剧老虎外婆.http://v.youku.com/v_show/id_XMTUxODczMzgw.html

美国社区图书馆的暑假阅读总动员

美好妈

美国对儿童阅读一直很重视，每年大小图书馆总会在暑期（不同学校放暑假的时间有所不同，一般延续三个月左右，时间跨度比较长，早到五月底就开始放暑假了），有针对性地举行多种多样的暑假阅读活动，鼓励孩子们在假期继续保持良好的阅读习惯，这已成为公共图书馆的一贯传统。

五月底或六月中，各个社区图书馆会根据本学区的放假时间，策划和制订详尽的暑期阅读项目，例如我家社区图书馆每

▲爱阅读的美好

▲排队等待发放读书有奖活动的小册子和相关资料

年开展的暑假儿童读书有奖活动，特别受到小朋友的欢迎，类似这样的活动数不胜数，市中心儿童图书馆的"READ WITH ME（与我一起读）"，就是一个划分年龄组的，为婴儿到4岁幼儿准备的互动式亲子读书活动，活动为孩子们的早期阅读设计了讲故事、认字母、

▲领取的小册子中包括：阅读的规则和内容细节，还夹有优惠券

学新单词、练发音、读书和互动这六个具体的活动，家长通过书的互动与孩子一起享受阅读的快乐，让快乐阅读的习惯陪伴孩子终身，很多孩子的家长都为此相信，夏季是孩子们暑期阅读的大好时机。

▲工作人员扮的卡通形象也来为"暑假阅读总动员"活动助兴

　　暑假到来之前，图书馆便早早做好有关暑期儿童阅读的宣传单，提醒家长及早准备。2010年6月5日，我们参加了本社区图书馆的"暑期阅读总动员"活动，总动员活动的主题每年都不大一样，今年的主题伴有一个很响亮

的口号"MAKE A SPLASH"，意为投身书海，享受书的乐趣，专门是针对学龄前幼儿一直到小学五年级的孩子开展的，跨越的年龄段也很广，10岁以下的孩子都可以参加。来参与的大人和小孩热情高涨。总动员又像是暑假阅读活动的开幕式，活动从形式到内容都很丰富，更像是一个属于孩子们的热闹节日。

为了配合夏季阅读，引导孩子的阅读兴趣，图书馆内外开展了很多有趣好玩的活动。带着孩子走进馆内，远远看到领取活动小册子的台前早已排起了长队，可见图书馆的书香魅力所在。拿册子之前一般需要先注册一下，女儿在小卡片上端端正正地写下了自己的名字和年龄，接下去就是耐心等待了，

▲充气滑梯

一会儿，终于轮到了我们，把卡片交上去之后，义工把手中的小册子递给了我们，还向我们解释了活动的规则。在6月5日到7月31日期间，从推荐的书目中，每天阅读15分钟，然后在小册子上的游戏迷宫地图上的每一个方框里用X标识记录下来，或者涂色也可以，直到把42个方框填满为止，完成之后就可到图书馆来领礼物：一把玩具水枪或是一本喜欢的绘本。

在这期间，如果你能把读过的书名都记录下来，把记录的小本子交给图书

馆管理员，还会获得三次抽奖的机会。奖品之一就是最让孩子们心动的六旗山主题游乐园（Elitch Gardens）的门票，这些奖品对孩子的诱惑都很大，而且全是商家免费提供的，适当的物质奖励大大激发了孩子们读书的热情。在领取完手册之后，很多父母及孩子就一同浏览书架，挑选要借的图书，很多人当场就把好多书搬回了家。

另外，小册子里还附带了很多商家赞助的优惠券和兑换卡，再看看五花八门的票券，其优惠的程度还真是很大呢，例如免费的滑冰馆入场券，家庭保龄球馆的折扣券，儿童PIZZA店的兑换卡等等。在经历了这几次图书馆举办的夏季儿童阅读有奖活动，常常可以看到这样的现象，图书馆大力倡导儿童阅读，社会上大小商家作为赞助方来支持的合作方式，把社会资源充分调动了起来，商家的积极参与也确保了夏季儿童阅读的普及和蔓延。由此来看，暑期阅读不只是图书馆界的事情，而是得到了全民的倡导和支持，特别是活动中的义工，他们不仅是一群热爱阅读的人们，更是在活动中扮演着推广阅读的角色，面对需要咨询有关夏季阅读的家长们，总是尽力帮助，并试图为他们找到一些适合孩子的书单或读物。

▲泡泡机不停地吐着泡泡，吸引了一大帮好奇的孩子

女儿刚从馆员手中领到了那本盼望已久的小册子，还没来得及看，就已经被室内穿珠子的活动吸引了过去，几张大桌子后面，聚集着很多孩子和家长，桌上摆满了各式五颜六色的珠子和穿珠子用的细绳。规则很简单，让孩子自己动手穿珠子，自己选一根细绳，选不同颜色的珠子，一点点地把细绳穿入珠孔，穿好一串，就可以戴回家。游戏的目的是锻炼孩子的精细动作，女儿不要人帮，自己主动穿起来，由于孔比较小，好几次都没穿进去，

▲珠子

▲妈妈带着两个孩子在认真地穿珠子

有一位年长的馆员从旁协助，终于美好把一串漂亮的珠子戴在了胸前。穿珠子之外，其他活动也在有秩序地进行着，制作泡沫塑料书签、钓鱼（会钓到礼物）；还有猜朱古力豆的有奖活动（谁猜对了有多少糖豆在罐子里，就会得到整罐的巧克力豆作为奖品），孩子们不由得跃跃欲试。当天举行的室内活动还有针对大孩子的互动式音乐会（有时候图书馆在暑期也会举办一些露天音乐会或露天电影，就在图书馆的草坪上）。图书馆内的宣传还告诉我们他们将在暑假期间面向家长举办"如何帮助孩子暑期阅读"的讲座，提供家长阅读指导的一些要领，并推荐适合年龄段阅读的相应书籍，家长通过讲座提供的咨询，更好地激发孩子阅读的兴趣。

无论是室内还是室外的气氛都很活跃，室外大型的充气滑梯、泡泡机等设施充满了孩子的欢声笑语，映衬着阳光下的张张笑脸。工作人员扮的卡通形象亲热地和小朋友拥抱合影，为孩子们带去了更多的欢乐。各种好玩的游戏活动

▲猜鸭子的底部形状

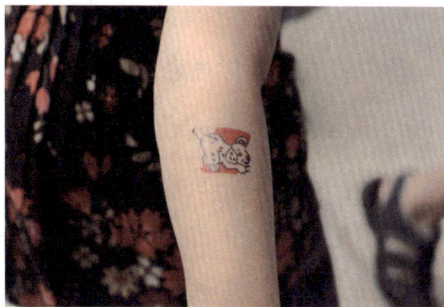
▲美好手臂上的卡通狗纹身贴

轮番上场，往鸭子身上套圈的规则是：谁用圈套中的鸭子多，便有机会获得小奖品。猜鸭子的底部形状的规则是：游戏有三次机会，任意可选两个正在游水的塑料鸭子，如果鸭子底部形状相同，就可以拿到奖品。女儿试了两次才成功。奖品有多种选择：有糖果、印章还有其他好玩的小东西。美好选来选去，选中了个蝴蝶。最流行的纹身贴（看着像纹身，但可以用水洗掉）是孩子们的最爱，女儿手臂上"纹"上一只卡通狗，成为她此行的收获之一。有了这样的开幕式，暑期阅读不再是枯燥的读书，而是一场身临其境的快乐阅读体验。

延伸阅读

更多内容请参看：美好妈的博客.http://blog.sina.com.cn/katiebug

2.7 "爱就释手吧"——如何漂流图书

吴军委

你有没有玩过漂流瓶的游戏呢？把一纸心愿，或是祝福，或是好奇，投向大海，漂向不可预知的远方，等待不期而至的那份惊喜。如果你一直为找不到喜欢你最爱的书的知音而苦恼，如果你一直很想和别人分享你喜欢的书籍，如果你想通过图书结识好友，如果你想体验一个无界限的"流动图书馆"，如果你想从阅读一本书中得到更多的灵感，那就带上你的爱书，写下你的读书感言和心声，到我们的图书漂流捐书点放漂你的图书，让它在同城爱书人手里一直漂流下去，让你的爱书去感受它的浪漫之旅，让自己在信任和分享中感受阅读的快乐。

现在，许多热爱读书的人们把漂流的概念引到图书上，产生了"图书漂流"这一全新的阅读时尚。在世界各地，如果你在出租车的后座上、公园的长椅上、影剧院的大门口或者公交车站的候车椅上偶然"拾"到一些贴着黄色书签的书籍，标签上注着"我是一本特别的书，我在全世界漂流，我寻找想要读我的新朋友"，或者"请阅读我吧"、"请翻开我看看"等字样，千万不要为"丢"书的人着急。因为不经意间，你已经参加了图书漂流活动，这些放在公共场合的书是专门供你看的。不过，你

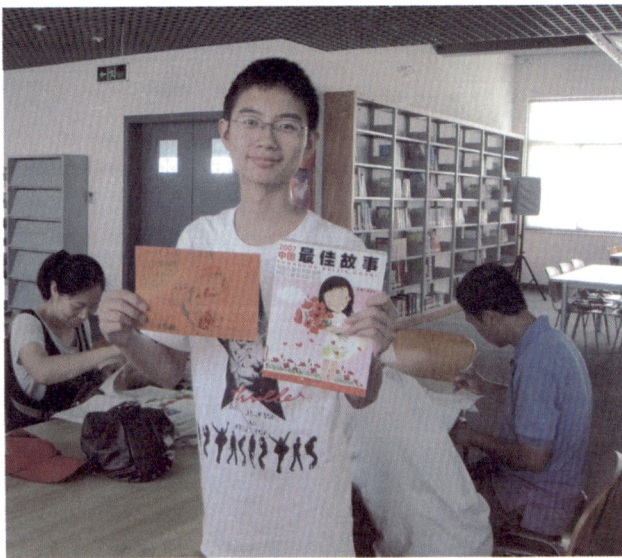

▲苏州图书馆胥江中学分馆的暑期图书漂流活动
一名中学生把自制的卡片放入漂流图书中　苏州图书馆提供

看完之后，千万不要丢弃，更不要心不在焉地把书据为己有。

图书漂流是书籍在素不相识的人之间传递阅览的过程，是一项放漂图书、分享知识、交流心得、以书会友的自发性图书传递阅读活动。这一活动始于上世纪60年代，90年代还曾在欧美国家引发一股"爱就释手"的小旋风。不少人把自己读过的书附上字条，"丢"在公园长椅、咖啡馆桌子、博物馆走廊、图书馆楼梯等公共场所，期待着有人拾起它共享阅读的欢愉，并继续传递它。该活动是指书友将自己不再阅读的书贴上特定的标签，无偿地提供给其他书友阅读。书友阅读之后，根据标签上定制的漂流规则，再以相同的方式将该书漂流下去。

▲中学生在操场上放漂图书　　　　　　　　　　苏州胥江中学图书馆提供

《王立群读〈史记〉之汉武帝》，编号91000001，绿色的书脊，封面有醒目的"漂流LOGO"，封底有美观的蓝边白底漂流卡，一本标准的"漂流图书"呈现在我们眼前。看完后，想说点什么，写点什么，发送短信、邮件……站在漂流书架前，浏览漂流图书的你，可曾想过，这本本洋溢着智慧之光的绿色精灵，是怎样诞生的吗？

① 挑选书目

图书漂流如果要保证漂流的效果和质量，就要对漂流图书的书目进行精心的选择，不是什么书都能参与漂流。选择的主要标准就是：既要保证图书阅读受众广，又要突出人文阅读理念，倡导和谐；既要吸引大众阅读，又要一定程度地突出高端阅读。

深圳市2007年图书漂流的书目选择也基本遵照这个原则。脍炙人口的百家讲坛系列《王立群读〈史记〉之汉武帝》、《孟宪实讲唐史：从玄武门之变到贞观之治》入选了漂流图书；备受财经人士、商业巨子们推崇，在经济猛进的今天激起层层浪的《一个经济杀手的自白》、《长尾理论》、《货币战争》入选了漂流图书，有着无数卖点的《恰同学少年》、《绝对小孩》入选了漂流图书；让人"费思量、自难忘"的《顾准文集》、《启功谈艺录：张志和学书笔记》、《病榻杂记》、《皓首学术随笔·黄裳卷》等大家经典也入选了漂流图书。有了这些书做漂流的主力，再加上市民踊跃捐赠，深圳本土作家们拿出自己的作品大力支持，漂流站才有了源源不断的供给，漂流活动也有了"书缘"。

② 制定漂流计划、规则、标记

参与漂流的过程实际上也是以书交友、分享知识、体验阅读快乐的过程。通过上面的介绍，我们可以知道组织一次图书漂流的工作过程：一个是收集图书的工作；其次，就是图书漂流，将收集到的书籍贴上标签，送到目的地；最后就是分享，每一个阅读过漂流图书的读者，能够记录下自己的读书心得、阅读手记，将图书归还漂流点，与人分享。这就是图书漂流的工作过程。当然开放的图书漂流依然需要规则约束读者。

③ 漂流新途径：网漂

互联网的出现加速了图书漂流活动的普及，网站成为发布"放漂"信息的重要窗口。全球漂流图书馆是一个虚拟图书馆，目前来看，它是全世界影响力最大、波及地区最广、参与人数最多的跨地区、跨国界的图书馆。漂流图书馆没有固定的馆舍和书架，但是它的"藏书量"每年却以20万—30万册的速度猛增，读者人数每月以1万人的速度增长；公园的长凳、电影院的台阶、公交车的后座以及海滩、草坪都是它的"书库"或"书架"。全球图书漂流馆的"图书漂流"网站是Ron夫妇独立设计的。Ron给出了网站名，并立即注册了域名，妻子Kaori则动手画好了网站标识的草图。2001年4月17日，网站终于正式开张，并发表了第一份公开的网站宣言。网站正式定名为"图书漂流"（www. bookcrossing. com），世界各地的人只要登录该网站并进行注册登记，就可以成为"图书漂流"的一个会员。

第九届中国深圳读书月图书漂流，以创新型的网络整合，使全民阅读的主题活动突破时间、空间的限制，专门开辟图书漂流社区，建立起一个具有长效机制，可持续漂流的网络社区，使得人人在线体验，撰写书评，分享乐趣。专门开辟iBooker.cn图书漂流社区（www.ibooker.cn），汇聚党政机关、企事业单位、大中小学、市民个人等的图书信息，建立起完备便捷的运作机制（如诚信支付、快递、物流、短信等），让用户能够快速、方便地放漂和参与图书漂流，从而实现"为读者找书，为书找读者"的理想模式。以企业单位作为图书漂流站，辅之以深圳书城各门店，形成社会漂流实体网点。将图书放置于漂流站的漂流书架，供广大市民参与漂流。通过实体漂流和网络整合的新型模式，以更为便捷的传递和低成本运作，让尽可能多的市民参与，建立起一个具有可持续发展的图书漂流网络社区，使得人人参与漂流，分享阅读乐趣。在深圳的iBooker.cn图书漂流社区上，所有放漂的图书将登记在线，让读者可以通过网络任意选择图书进行漂流。读者通过网络还可每天跟踪所有投漂书籍的漂流方向和阅读故事，网络还可汇聚书评以及为读者提供互动空间。在网上漂流的同时，读者还可面对面进行交流。一本本书的"漂流"串联起众多不同年龄性别、不同职业、不同文化背景的读书人。活动进行到后期，主办方将邀请放漂人和漂书者带着漂流的书籍参与"书缘会"，让志趣相同的读者通过聚会结缘，畅谈和交流对同一本书不同的体会，分享阅读带来的快乐和感动。活动结束后，读书月组委会将从若干位漂书者的读书感言中评选出"最佳感言"并给予奖励。

"漂流最远书籍排行榜"的冠军目前是一本名为《奇怪的爱书人》的书，按"图书漂流网"上的登记信息，已经"倒手"162次。若再算上没有登录网站却在纸条上留名的人，这本30页薄的图画书共被传递了191次。名为Wyando的注册用户在德国科隆将此书"放生"，随后就走遍德国境内不少城市，甚至"出访"过荷兰、瑞士、法国和南非。

"放书次数排行榜"冠军是一个名为Pjlareau的注册用户，根据注册信息，他现年63岁，来自美国明尼苏达州，已经放出16312本书。尽管其中只有1794本被报告有人拾获，但他本人似乎仍乐此不疲。Pjlareau自称是"一名退休的电脑信息分析师以及公共图书管理员"，后者显然是他对自己"书流族"身份的注解。他不无自豪地表示，自己一家人对书籍的热爱"绝对是遗传使然"。他还记得，从他小时候起（1948年前后），父母就保持每个星期前往图书馆阅读的惯例，他的女儿、外孙女也全都是"书流族"成员。"在我家和女儿家之间的路途上，我们大约放置了2000本书，大多数还在等待人来阅读呢！"他写道。

在解释热衷这一活动的原因时，他给出了简单的答案："我无法想象没有书陪伴的生活。"让人想不到的是，放书冠军的全部购书经费都是从卖废品、卖旧货中得来。"如果你心够诚、动机够正，你会惊讶于难以置信的收获。"老人如是说。

最受中国书流族欢迎的书——《昆虫记》，在2006年中国深圳读书月的图书漂流活动中，有一本书"漂"得尤其活跃，阅读者留言也最多，那就是法国杰出昆虫学家、作家法布尔的传世佳作《昆虫记》。据深圳市罗湖书城的工作人员说，所有的漂流书之中，《昆虫记》后面的阅读感言最丰富最生动，让工作人员没想到的还有，《昆虫记》漂回时被包上了一张透明的书皮，可见阅读者们对它多么细心爱护。

在这本漂流书上看到了写得满满的阅读感言。朱海珊同学留言说："世界真奇妙呀，就像一个诡秘的魔术师！"邓秋雨同学的留言是："原来平时我认为'温顺'的螳螂，却是一个黑暗杀手。"黄嘉琪同学感叹说："砂泥蜂的捕猎方法真狠毒！"周云雁同学安静地留言："蝉是渺小的，也是

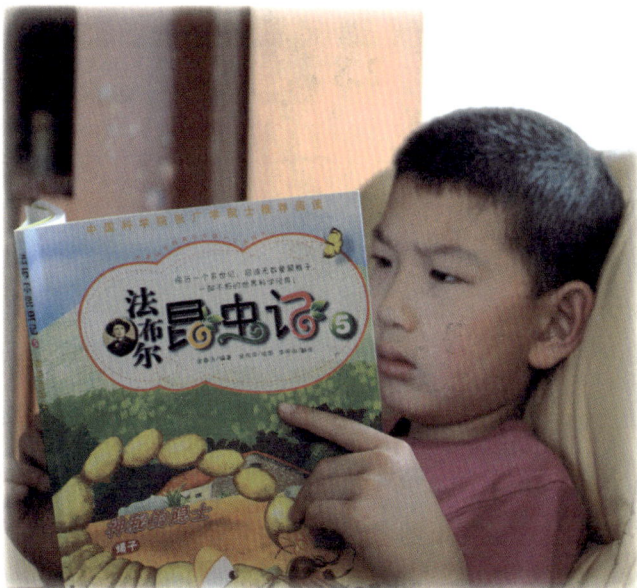

▲阅读漂流图书《昆虫记》   照片提供：王益民

伟大的，它们用自己的劳动换取劳动果实。"张子牧同学颤抖着写下了感慨："对蜘蛛的描写令人作呕啊……"

这本总是以最快速度"漂"出去的书，借阅者多为家长。他们在接受采访时都表示，让孩子从一本书开始，参与社会公益活动，其行为的意义远超过了阅读本身。

2.8 怎样组织晒书会活动?

吴军委

1 "晒书"传说

"七月七,晒棉衣"的风俗起源于汉代,据说汉朝建章宫的北边有个太掖池的地方,池的西边有汉武帝的晒衣阁,到七月七日的时候常看到宫女在晒衣服。汉代登楼晒衣的风俗到魏晋时演变为晒书的习俗,《晋书》中一段记载提及了关于晋宣帝司马懿晒书的典故。另一个晒书的主角是郝隆。西晋时期,大司马桓温手下的参军郝隆饱学多才,没有得到重用。他辞去参军的职务回故乡隐居。每年的七月七日当地有晒衣服的风俗,家贫的郝隆解开衣扣袒胸露腹晒太阳,人们问他何故?他傲然地回答道自己在晒书。这其实是夸耀自己腹中的才学,晒肚皮也就是晒书。据说,在古代苏州,一些信佛的妇女,每年此日要到寺庙中去翻经念佛,说是翻经十次,来生可转作男身。神话与传说,未必可信,却也映照了现实,从一个侧面揭示了晒书这个中国古老的传统文化习俗。

2 现代的晒书活动

有人说,晒书大会的"晒",是从英文"share"音译过来的,意即"分享"。但我看,晒书更源于中国代际传承的生活习俗,特有的读书文化。唐朝诗人杜牧"晒书秋日晚,洗药石泉香",清人潘平隽"三伏乘朝爽,闲庭散旧编"的诗句,不就道出了中国古代文人趁夏日晴好晒书除潮防蠹,悠然自得的心态?

▲苏州平江路晒书会

晒书，也是一种文化。虽然现在知识和文化有了更多的载体，全球图书出版早已是今非昔比，晒书的习俗因此已成"过去式"，但文化传统却会以新的形式得以延续。深圳和苏州的晒书大会，虽不完全相同——前者以民间为主，而后者似乎以企业和学校及学生社团为主；前者重在以书会友，等价交换，后者更多鼓励阅读交流，以图书捐赠的方式奉献爱心。

2008年9月28日上午，作为"2008第三届苏州阅读节"系列活动之一，苏州独墅湖图书馆举行了一场以"晒书会友，'悦'读生活"为主题的晒书会活动。很多书友把自己喜欢的书拿出来，相互推荐、相互交换。把好的书推荐给更多的人，这就是晒书，晒一晒我们的思想，晒一晒我们的学识，晒一晒书中的精华。

同年11月份，深圳图书馆也推出首届深圳晒书大会。与"晒书、晒人、晒精神"的口号相呼应，在本次晒书大会上，"晒书"二字被赋予了更宽广的意义，更强调个人图书及思想的交流与分享，通过"晒书、晒人、晒精神；交流、交换、交朋友"的活动形式，搭建深圳人读书、换书、以书会友的新平台。

2009年世界读书日系列活动期间，台北市立图书馆举办的"晒书会"活动引爆一波热潮；活动一开始的魔术表演，为现场汇聚高人气，也为书香满溢的晒书会带来轻松诙谐的氛围。现场陈列琳琅满目的二手书供学生交换，种类涵盖散文、小说、诗集、励志图书等，多元化书目不只吸引围观目光，更

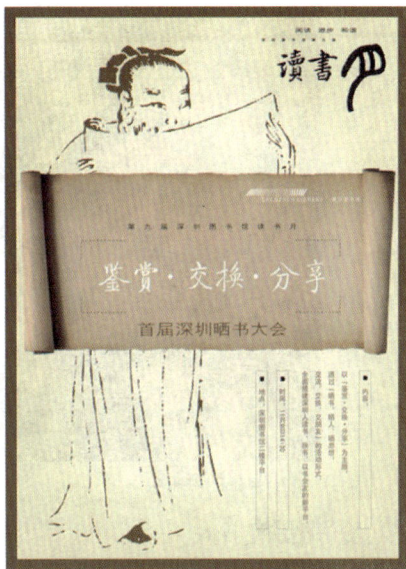
▲ 首届深圳晒书大会海报

有学生一口气换了十几本书。而游干桂、艺人S.H.E.、刘克襄、郑石岩等多位名人更抛砖引玉捐出自己的爱书，供大家以换书点数竞标，让喜爱他们的学生也能通过阅读一窥名人内心世界。

晒书会，堪称营造城市读书氛围的一个好方式。想想看，在城市的一隅，成百上千的人们拥挤在众多的晒书书摊之间，那风景是多么别致亮丽！成百的

读书人，从老屋里搬来自己收藏的古今中外宝典，如检阅三军般洋洋得意，那场景又是多么让人羡慕！

但无论深圳还是苏州，晒书大会显然都既融入了中国传统文化的古意，也显示了现代人沟通和分享的渴望，为爱读书想读书的人们搭建起一个鉴赏、分享、交换的渠道和张扬个性的平台。

③ 晒书会的组织

一场成功的晒书会需要周密的部署安排：晒书会由哪些环节组成？

下面以中山市图书馆2009年全市读书月期间举办的晒书会为例，分六部走：

1. 我要晒书

这个环节需要提前和图书馆取得联系，说明将晒书的图书数量、新旧程度等。经审定合格后，图书馆将给参与者提供现场晒书的展区。

▲小学生的晒书会

2. 我要换书

参与晒书者（集体或个人）将打算交换的图书书目、读书心得等信息填在"交换图书表格"上，一份交给主办方、一份自留底稿。到现场各展区所晒图书中寻找自己喜爱的图书并自行协商交换。

3. 我要荐书

到主办方处领取"推荐书目表格"，填写自己要推荐书名和心得等信息，在现场的"好书推荐台"上面向读者大胆读出来，向大家推荐。

4.我要捐书

主办方鼓励参与者将所晒图书或未交换出去的图书捐到"爱心捐赠区"，主办单位将图书汇总后统一捐赠给相关学校或地区。

5.我要交友

以书为媒，以书会友，品读好书，结交朋友。

6.我要学书

邀请知名作家、收藏家、资深评论家等在"书评讲座区"现场点评名著。

④ 晒书展区的布置

参与者想要自己的晒书"摊位"读者多，自己的交换成功率高，那需要下一番工夫了。特别是在摊位的布置上，需要动点脑筋。

名字优雅，布局设计别致新颖，散发着书香味的展区往往是晒书会上的焦点，摊主自然也是当天收获最多的爱书人了。

⑤ 确定场地和时间

主办方场地的合理设计，也是晒书会成功举行的重要条件；时间的选定有时候也很重要，如果晒书会的当天，天气不怎么样，而且下起了雨，显然会破坏晒书会的现场氛围，"晒"字就失去了意义。

不过，有些图书馆将晒书活动常规化了，在固定的时间、地点"晒书会"一直"晒"下去，为的是给读者提供一个交流的平台。

从2009年6月6日起，佛山市图书馆每月都将举办以"悦读•交换•分享"为主题的"晒书会"，给广大热爱图书、热爱阅读的市民提供一个交流阅读体会，通过晒书、晒人、晒思想；交流、交换、交朋友来搭建佛山人读书、换书、分享智慧、以书会友的新平台。活动时间为每月第一个周六下午2：30—4：30，地点在佛山市图书馆四楼外文室。

晒书活动是为了给热爱图书、热爱阅读的市民提供一个交换图书、交流阅读体会及结交"书友"的机会，促进好书共享，增进阅读的快乐。市民可带上自己的好书，向其他读者展示、交换。此外，也有些图书馆别出心裁，家里的"秦砖汉瓦"也能拿出来晒晒，为此还请了专门的鉴宝专家。

2.9　苏州独墅湖图书馆晒书会的详细记录

蒋淑颖　薛　进

独墅湖边的三届晒书会

2008年9月28日，苏州独墅湖图书馆举办了第一届"晒书会"活动，让读书人、爱书人通过参加这个有趣的读书活动，来纪念孔子诞辰。由于活动反响热烈，我们决定每年办下去。至今晒书会已经连续举办了三届。2010年，CCTV-10《子午书简》栏目专题播出"苏州人的晒书会"，特别报道了我们独墅湖边的晒书会。

"晒书"一词有中西文化的双重源头。依中国古代民间风俗，七月七日晒经书和衣裳，主要是"晾晒"的意思。另一方面，"晒"与英文单词share（分享）发音相似，所以，"晒"＝分享。在网络环境下，现在流行"晒客"（指热衷于用文字和照片将私人物件以及私人生活放在网上曝光的网友）等词汇，晒的东西五花八门，如晒工资、晒衣服、晒收藏、晒孩子、晒股票、晒梦想等。

▲苏州独墅湖图书馆晒书会现场

▲苏州独墅湖图书馆设计的晒书会书签（三款正面，一款背面）

晒书会的目的，就是鼓励大家把自己喜欢的书拿出来，晒一晒书中的精华，晒一晒我们的思想，晒一晒我们的思考。晒书会的具体做法是：大家把自己喜欢的书拿到"晒书会"上，相互推荐、相互交换，有点像一个读书心得交流会。

第一届"晒书会"由荐书换书区、书评讲座区、爱心捐书区、优惠图书、展销区、智慧树区、双语阅读交流区以及图书漂流点等"七区一点"组成。活动现场，除参与者自由换书交流外，图书馆还特别设立了集体展位提供给20多家前来参展的单位。

"晒书会"现场，每位来宾都会收到一份书签，想交换图书的来宾，会将自己所要交换的图书书名与心得写在这份书签上，到展区所晒图书中寻找自己喜爱的图书并交换；又或者，写上自己要推荐的图书与心得，悬挂在"智慧树"上交流智慧。活动刚进行不久，图书馆准备的十多棵"智慧树"上就挂满了书签，来来往往的人流在智慧树旁或驻足品读，或三两成群讨论"淘书"心得。还有一些来宾，他们的书签没有挂在智慧树上，而是带着祝福夹在了捐赠给灾区的图书里。

来自苏州大学的周同学一气儿推荐了4本书：《大学生浮沉记》（大木）、《借我一生》（余秋雨）、《做最好的自己》（李开复）和《茉莉香片》（张爱玲）。他说，这四本书像四位不同的朋友陪他度过人生的不同阶段，当他面对形形色色的问题的时候，他总能从这4本书中找到答案，借晒书会的机会，他也将这4本书推荐给更多的人。让我们来听听他的推荐理由吧。

《大学生浮沉记》（一部表现大学生现实困境及走出困境的长篇小说）：它深刻表现大学生在就业、失业等问题上面临的尴尬，表现了大学生就业创业上内心的苦闷、彷徨，谋生的艰辛和经历的坎坷，细致真实地表现了大学毕业生的现实状况，以及他们挑战生活不屈不挠的精神。

《借我一生》是余秋雨对中国文化界的"告别之作"，也是他藐视灾难、不断突破的生命之旅，是一部以散文笔调记录平实、真实的记忆的家族史诗。

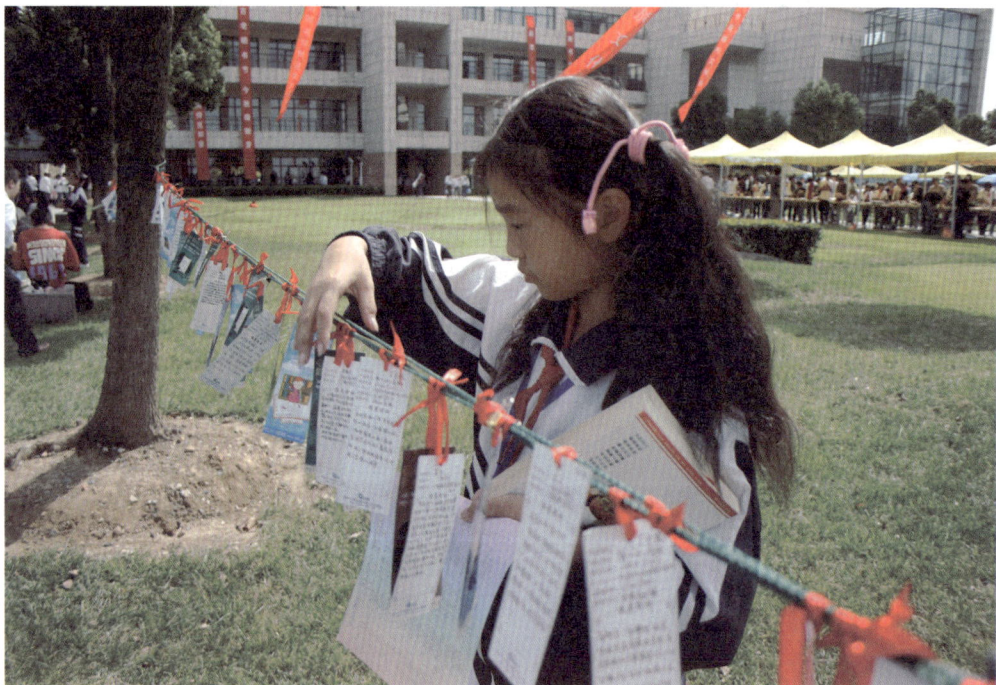

▲一名小学生把已经写好的书签挂到智慧树上，同时阅读其他人的书签。每个人都可到现场领取书签，写上自己推荐的图书和理由

《做最好的自己》不是自传，却记录了许多发生在作者身上有意思和有价值的事情。作者深知对年轻人而言，发生在成功者身边的故事最值得学习和品

味，因此作者更倾向于用缜密的逻辑和真实的案例来阐述成功的秘诀，而非难以产生共鸣的案例。

《茉莉香片》：在我看来，张爱玲是个很别致的作家，无论题材还是笔法都很特殊，可以用"横空出世"来形容。而中篇小说《茉莉香片》依据当时的社会背景，从中体现出"生之艰难，爱之凄凉"的风格，值得品阅！

荐书换书区内，来自苏州大学的唐同学转了好几个展位，最终用自己的一本书换了展位上的一本梁实秋散文集，她说，原本就非常想购买这本书，不想在这里与该书不期而遇，真是在晒书会上淘到了"宝"。而在集体展位的工作人员说，他们这次晒书的图书全部来自本单位的阅览室，单位把参加本次晒书会作为发扬企业文化、积极创建学习型组织的重要阵地，同时感谢图书馆创造这样一个企事业单位与个人读者学习交流的机会。

在第一届晒书会举办成功后，我们在后续的晒书会上，除保留第一届晒书会的核心活动之外，每年还为晒书会增加新的内容。

2009年晒书会我们加入"图书漂流瓶"活动。以红色经典书籍为主题，工作人员会给每位参加晒书会的来宾发一个漂流瓶。所谓漂流瓶，其实是一些小小的穿了"彩衣"的透明玻璃瓶，别看她个头不大，"肚量"却不小，60本红色经典书籍都囊括其中。图书馆将事先征集、推荐好的60本红色经典书籍书目、推荐理由用粉色纸张打印出来，折叠后放入漂流瓶中。参加活动的人们领到这个小小的漂流瓶，可以互相交流、交换或赠送他人，从而实现漂流瓶在爱书人中的漂流、接力。

2010年晒书会，新增内容中有一项是猜书谜活动，猜对书谜的来宾可获得奖品——印有苏州风景的手绘明信片一张。

▲漂流瓶，里面装的是一本被推荐的图书的信息

猜书谜活动下午2点正式开始，2：30左右，500条书迷就被猜去大半，"我们都没想到大家会猜的这么快，本来我们准备了低、中、高三个难度等级的书谜，现在就只剩下小部分高难度的书谜还没有被猜出来啦！"工作人员大呼惊讶，他们说，原本他们准备的高难度名著谜（根据谜面猜四大名著人物）想要"难倒"来宾，谁知也都被熟读名著的来宾猜了去，"关于《红楼梦》的名著谜，很多都是被一个小学三年级的孩子猜对的，那个小朋友真不简单，小小年纪，就已经把《红楼梦》完整读过13遍了！""早知道大家都这么聪明，我们就准备更难一点的书谜啦！"现在，也请我们的读者一起猜猜这些名著谜吧！

久旱逢甘露（打《水浒传》人物绰号一）　　　　及时雨

汉朝文书（打《三国演义》人名一）　　　　刘表

残局飘零满地金（打《三国演义》人名一）　　　　黄盖

衔泥筑新居（打《红楼梦》人名一）　　　　春燕

三届晒书会上发生了很多让人难忘的人和事。有一位名叫葛民达的老人，是一位普通的退休工人，每年晒书会，我们都可以看到他慢慢踱步的身影。葛老先生家住苏州高新区，每年晒书会他都要提早几天准备，"我年纪大了，搬不动很多书，所以就每次带一点点来放在图书馆前台，等到晒书会那一天再一起拿出来"。当被问到怎样处理换不掉的书后，葛老先生笑着说，本来带过来就没想过带回去，如果有其他人喜欢这些书，没有书来换他也很愿意送给他，"没有交换成功的书，我会直接捐到爱心捐书区，请工作人员帮我捐给需要这

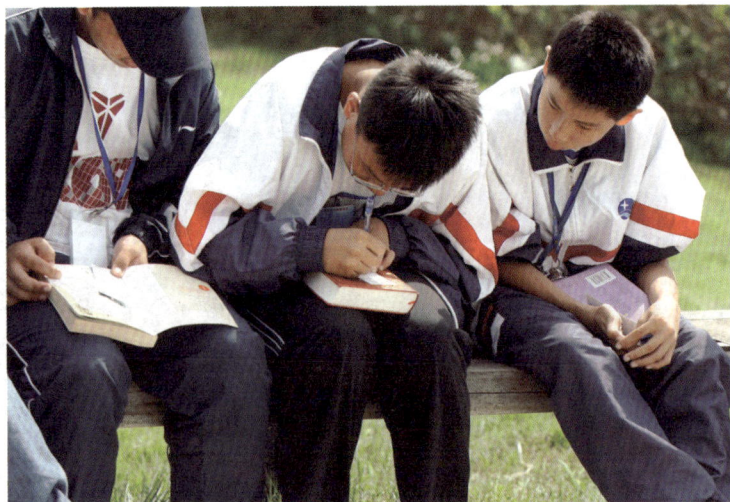

▲领到书签后填上自己的信息，推荐钟爱的书籍

些书的人。""书，要分享才有意义。"

他后面这句话，很可能就是这么多人喜欢"晒书会"的原因。

组织晒书会经验分享

为了进一步了解组织晒书会的细节，中国图书馆学会阅读推广委员会派出特约记者邓咏秋，采访了苏州独墅湖图书馆组织晒书会的负责人蒋淑颖和薛进，希望她们的经验对其他想组织晒书会的人们能有帮助。

问：你们图书馆组织这项活动已经三年了，你觉得你们成功的经验是什么？

答：就我们组织晒书会的经验而言，晒书会是一种有趣的阅读推广活动。任何热爱阅读且有创意的人，都可以并有能力发起组织好各具特色的晒书会。我们认为晒书会活动最吸引

▲晒书会志愿者
身着黑色T恤，分散在现场每个区域的志愿者，为来宾提供便捷服务。

读者就是，人需要交流，喜欢与有共同爱好的人交流。物以类聚、人以群分。人可以分为各种各样的群。爱书人是一个大群，爱好某一类书、爱好某一本书的人又可以聚为小群。他们在一起分享阅读的快乐和心得，是一件多么美好和有吸引力的事情啊。

晒书会，既可以通过图书馆这个平台来举办综合性的晒书会，还可以举办一些相对小型、分不同主题的晒书会，如：

• 亲子晒书会 现在的儿童及青少年们到底在读些什么书？别的家庭在给孩子读什么书？这是一个有吸引力的话题。"亲子晒书会"以家庭为单位，把

各家的收藏品、爱看的书籍，晒出来与其他家庭分享。父母家和小朋友都来参加。要卖要换都行，或者只是晒一晒均可！

· 社区晒书会　一个小区或几个小区联合举行晒书会，通过晒书让大家相互交流、换书、交友。

· 校园晒书会　一个学校或几个学校联合举行晒书会，通过晒书让大家相互换书、交友。

在晒书会上肯定会有"没有晒出去的书"。我们的做法是：没有晒出去的书，来宾可以自己带回去，也可以到爱心捐书区捐赠（我们统一送往需要的地方）。第一届和第二届，我们不鼓励来宾转让未晒出去的书，但是看到豆瓣等网站上来宾的反馈后，第三届我们在优惠图书展销区除了邀请书商来展示并销售图书外，还设置了个人展位，来宾未交换成功的书，可以在这里进行转让。这一新加的举措很受欢迎。之前有读者说，还要再把书带回去很烦，所以他们会尽量少带一些书过来，现在他们会将暂时用不到的书都带过来，或换或捐或转让。

问：总结过去，你们觉得今后需要改进、进一步提升的地方在哪里？

答：做了三年晒书会，我们面临的最大难题就是创新，怎样才能让晒书会每年都有新意，每年都让来宾有耳目一新的感觉？2009年的晒书会，我们推出了漂流瓶；2010年的晒书会，我们推出了书谜；2011年的创新点，我们还在斟酌，也希望能有更多的集体单位和个人给我们意见。还有一点就是，我们的晒

▲荐书换书现场

书会每年就那么一两天，如果天天都有晒书会、到处都有晒书会，是不是效果会更好？关于这点，我们想，如果周边的学校、社区、企事业单位甚至家庭，都能举办晒书会，那这一点就可以实现了。比如家庭可以举办亲子主题的晒书会，学校班级可以举办文学主题的晒书会，社区可以举办生活主题的晒书会，有很多主题学校、社区做起来的效果可能会比我们做更好！发动周边单位一起晒书会，这也是我们今后工作的一个方向。

问：晒书会活动筹备需要多长时间？你们是否得到社会各界的支持？

答：第一届晒书会从晒书调研，志愿者招募，创意策划，活动宣传，晒书书签设计、发送、回收，邀请函拟发，参晒对象（企事业单位、学校、幼儿园、研究院、居民社区等）的集体邀请，参晒书籍书目与展位规模的确认，争取政府支持和社会赞助等筹备工作，到现场服务、活动反馈、档案梳理、活动总结、经验分享，历时近半年，参与馆员40人，志愿者60人，活动参与人员1000多人；今年的第三届晒书会，前后只用了1周的时间。其实根据举办晒书会目的意义、主题内容、参与对象、人员场地、规模大小及志愿者情况等主客观因素的不同，时间可酌情安排，短则2天左右，就完全可以组织1次班级晒书会。简单发布一份晒书动员，就像布置家庭作业一样，老师口头或通过"家校路路通"动员全校师生。至于晒书会书签，甚至可以从创意征集的角度，让学生自己设计书签。

在晒书会筹备与举办过程中，从政府支持的角度，我们争取到苏州市阅读节组委会办公室在宣传渠道上的大力支持与部分经费支持。除此之外，还有中国移动友情赞助的活动帐篷、广告公司赞助所有书签与晒书会手册、智童科技提供活动小礼品……

2.10 最有创意的学校读书活动

邓咏秋

阅读推广不仅要有良好的动机，还要有吸引人的方式。一个人读，自有一个人的读的乐趣，但是一群人共读和分享，它的乐趣可以在个人阅读乐趣的基础上扩大十倍百倍，你相信吗？有创意的读书活动，就像游戏一样吸引人，让参加者对阅读产生极大的兴趣，进而爱上阅读。关于适合在学校推广的读书活动，我收集到一些很有创意的活动设计，下面我就为大家列一下。我相信，看了这些有意思的读书活动，你会迫不及待要去组织身边的读书活动的。

1 班级分组阅读

把全班分成几个组，每组成员阅读同一本书，然后以组为单位向全班作报告，推荐这本书，并给出理由。

- 首先组员间可以互相提问4个基本问题：

  （1）你喜欢这本书什么地方？

  （2）你不喜欢这本书什么地方？

  （3）是否有你感到不明白或想不通的地方？

  （4）你有没有注意到一些在本书中重复出现的固定模式？

- 然后老师提问"如果你们每个人向没有看过这本书的人来推荐这本书，你会怎么说？只能说一句话"，然后每个人写出一句话，不要与其他人讨论。

- 接下来，这个组集体来讨论，对不同意的要点进行修改，最后把修改好的句子排列顺序，连起一个完整的段落。

- 然后组员列队上台，向全班把这段推荐理由读出来。

- 老师会问，是否有人对这本书产生了兴趣，并想去阅读。

- 接下来，是其他同学对这组同学进行提问，提出对这本书所有想问的地方。台上的同学必须一一回答。有些问题，如果可能让其他人丧失阅读兴趣，可以选择不回答。

● 最后，老师统计想阅读的人数。然后评出前三名的组。被推荐的书在班上保留展览一周。

点评：这是一种有创意的阅读分享活动，也是一种新型的推荐书目活动。这种形式可以让同学间分享到阅读的乐趣，这种推荐的效果可能大过冷冰冰的专家推荐书目。

② 让学生参与学校图书馆采购工作

● 学校组织一个选书委员会，由学生和老师的代表组成。

● 每个班级讨论出一份他们希望学校图书馆增购图书的清单，并派出一位代表，在选书委员会上发表意见。

▲苏州胥江中学有一栋三层楼的学校图书馆，所有班级的阅读指导课就在图书馆上，许苑（学校图书馆的馆员）正在给初中生上读书课。　　　　照片提供：许苑

● 选书委员会整合各班的意见，并根据校方经费，整理出一份购书清单。

● 选书委员会的成员去当地的书店（图书馆图书提供商），实地考察，可要求他们把样书拿给你们翻看。在实地考察时，对书目作最后的修改，然后确定购买。

● 买回来之后，组织一个新书展览，面向全校，在书展上公开说明选购这些书的原则。

点评：这项活动，让大家学会发表评论性意见，还学会沟通和协作。最后，阅读自己参与意见后购买回来的书，大家会很起劲。活动也体现了民主精神。

③ "你读过这本书吗？"

每周安排一个固定的时间，每次让四五名同学介绍他们最想跟大家分享的一本书。基本步骤如下：

● 首先，如果你是今天的报告人，你要向大家展示这本书。

● 要介绍你所掌握的关于本书的细节，如作者、精彩的评论、有趣的插图等，更重要的是努力让你的演说有吸引力，引起其他同学阅读此书的兴趣。

● 该同学陈述完之后，老师鼓励其他同学提问并发表看法。

● 最后老师做总结和概括。可以把书名作者等重要

▲在苏州胥江中学图书馆阅读的中学生　　照片提供：许苑

信息重复一下。如果的确特别好，可以想办法组织有关这本书的多个复本，满足同学们阅读的需要。

● 如果班级人太多，不能一一发言。可以先分组。然后每组推举出一个最精彩的发言，向全班推荐一本书。

● 活动结束后，这些被推荐的图书可以在班上展示几天。

● 这项活动也可以跨班跨年级进行，优秀的高年级班带着低年级班一起活动，让大家学会准确地表达意见。

● 精彩的内容和图书，可以记录下来。

● 这项活动也可以在家庭内进行。把你读到的好书推荐给你的父母，并说出理由。父母也可以用同样的方法向孩子推荐。

4 图书涂鸦版

每个班的教室或走廊里放一块可以钉图钉的板子。只要以推荐图书为目的，任何内容都可以钉在这块板子上，书名和作者一定要很清楚地标出来。可以放的内容如下：

● 图书封面的放大海报，图书的宣传图片。

● 学生自制的图书封面。

▲图画书《三只小猪》的共享阅读

● 你认为最能吸引别人去读的几句话，可以引用其他人的观点。

● 你喜欢这本书的理由。

● 你或其他读者写的长篇心得或读后感。

● 从报刊或网上收集的关于作者的照片，或与本书有关的其他图片。

● 从封面或封底摘录下来的图书简介。

● 你自己为本书画的插画。

● 与图书有关的各种笑话。

● 只要板子上的内容被钉满，就由学生们选择他们最感兴趣的一项保留，或贴到一本大剪贴本上。其他的撤去，重新再弄。

5 开展"每月共读一本书（或一个作者的图书）活动"

比如"西游记读书月""罗尔德·达尔月"（达尔是英国图画书作者，著有《查理和巧克力工厂》等书）等，这个活动交由几个同学负责，策划组织各种讨论、书展（展示不同的版本）等活动。各自阅读之后，可以轮流发表自己的看法，或者向大家说出自己最喜欢哪一部分的内容，或读出自己最喜欢的段落。读书月结束时，策划小组要向大家做总结发言，总结收获与经验。

下个月组织另一个读书月活动，再交由其他人负责。让大家都参与到组织工作中来，享受阅读。这项活动可以是全班性的，也可以是局部自由组合的。

⑥ 全校总动员，建设我们的图书馆

如果你们学校的图书馆还不及如人意，甚至没有图书馆，或缺少有趣的藏书，那么，图书馆的负责老师应该发起建设图书馆的活动，通过发动学生参与，不仅筹到所需经费和图书，而且增强学生对图书馆的感情。怎样为你的图书馆争取到经费和图书，是你需要考虑的问题。

一方面，可以向各方面来募集图书。发动学生和家长捐献、在家长会上向那些领导级的家长募捐、请老师捐献、请出版社捐献等，都是不错的方式。

另一方面，更重要的是如何筹到钱，可以想的办法很多。比如专门辟出一日叫"卖咖啡筹集图书馆经费日"（可选择在馆庆日），在这一天，在图书馆外的空地上，放一些桌椅，经营咖啡和小点心，学生可以来当义工，面向全校师生售卖，所得收入用于图书馆。

▲胥江中学图书馆是该校学生最喜欢的去处，平均每周生均借阅4.5册。　照片提供：许苑

⑦ 在学校图书馆，让学生来评选好书与坏书

让学生来评选哪些是好书。准备两个筐（或两个书架），放在借阅台附

近：两个筐上分别写上"好书"，"坏书"（或"不是好书"）。首先，图书馆员选出30本适合学生阅读的"好书"，放入好书筐。学生可以从这里借走图书。还书时，让学生把他认为是好书的，扔回好书筐；如果他认为这不是一本好书，可以扔到坏书筐。过一段时间，围绕"哪些是好书？哪些是坏书"还可以组织一场学生书评活动。

当然，好书筐和坏书筐内的图书，除了由馆员选之外，还可以由学生自己来提供。如果学生强烈想推荐一本自己读过的书，可以扔入"好书筐"，如果学生强烈想告诉大家"这本书不是好书"，也可以扔入"坏书筐"。

这个活动的要点是：

一、如果在筐内翻检，次数多了，可能会弄坏图书。所以可以考虑用书架代替。

二、可以每月安排不同的主题，这样，筐内的书就不会太杂乱。

三、最初的30本书，除馆员选之外，也可吸收学生和老师的推荐意见。

四、筐内的书不要太多，比如每个筐内的书不要超过30本；或每个书架上的图书不要超过50—100本，这样才能形成热点。

五、在评书活动中，引导学生做正确的书评家，鼓励学生有自己的想法，但不要用恶意的谩骂来评论图书。

8 其他适合学校开展的读书活动

适合学校开展的读书活动还有很多。比如，设定一个主题让学生组织一次图书展览；高年级学生为低年级学弟学妹推荐图书、朗读图书；把图书搬上舞台让学生来演出戏剧；举办晒书会；组织图书漂流活动；等等。

结语：说给老师和家长的话

孩子优良的阅读习惯，离不开家长和老师的帮助。

1. 阅读不是一个完全孤独的行为。共享阅读具有私密阅读不可替代的乐趣。人是社会的人，人需要社交圈，需要共享阅读。

2. 在阅读活动中，要充分发挥孩子的创意，让孩子充分参与。

3. 与其总是摆出一副专家的样子，要求孩子"必须"读这本那本，不如俯下身子走进孩子的世界，与他们一起读书和讨论，听听他们的评论。

4. 青少年更容易受同学的影响，通过组织有趣的读书活动，让他们相互交流阅读的心得、推荐好书，其效果比青少年被动地阅读"必读书"更好。

5. 帮助孩子克服阅读障碍。必要的时候，送他一程。比如通过互相朗读，大人帮助孩子，或发动同学间互相帮助，从而提高孩子的阅读能力，尤其是当他们阅读那些较难的经典文学名著时。

6. 学校图书馆最重要的是利用，不要因为担心学生会弄坏书而减少服务。离开了服务，图书馆就没有存在的意义了。用得多了，自然会有一定的损耗。但是在这个过程中，学生阅读了，学生爱上图书馆了，这才是我们最大的成就。

7. 请关心身边图书馆的成长。

在我们出版《亲子阅读》（国家图书馆出版社2010年版）之后，很多读者反馈说：书中谈到的外国图书馆服务让他们羡慕，可是……

其实，我们身边的图书馆也在成长。当我们需要他们、重视他们的时候，图书馆才有可能取得更大的发展，才有可能更好地帮助我们。图书馆是爱书人的精神家园。图书馆在引导社会阅读方面，能量是非常巨大的。即使是买书无忧的富人，也要善于利用图书馆这个社会资源。有些书不再出版，我们有钱也买不到，但是图书馆很可能有藏。而且，图书馆还能为我们提供一个热爱阅读的氛围，能满足我们与爱书人交流的需要。

上文主要参考了以下二书：

《打造儿童阅读环境》，（英）艾登·钱伯斯（Aidan Chambers）著；许慧贞、蔡宜容译，南海出版公司2007年版

《朗读手册：大声为孩子读书吧》，（美）吉姆·崔利斯（Jim Trelease）著；沙永玲，麦奇美，麦倩宜译，天津教育出版社2006年版

第 3 章

好书共读

©林子 绘

3.1 怎样选择适合共享阅读的图书？

麦丽明

共享阅读的目的在于引导青少年在阅读中健康成长，从阅读中获取道义的力量、情感的力量、智慧的力量和美的力量，从而使人生变得更加完美、更加优雅。培养青少年阅读，主要是培养纯正的阅读口味，学会选择读物，养成良好的阅读习惯。正因如此，开展共享阅读，向青少年推荐看哪些书很重要，推荐那些值得他们读的好书，会使他们受益终生。

培养一个人格健全的人，需要经典和杰作来引导，优秀的作品会让他们得到不同世俗的见解和智慧，得到性情的陶冶。美国诗人惠特曼在诗歌《有一个孩子向前走去》中写道："有一个孩子每天向前走去，他看见最初的东西，他就变成那东西，那东西就变成了他的部分。……"所以，我们在孩子生命之初，给他好书还是垃圾书，将对他的阅读生涯产生巨大的影响。

▲儿童的私密共享花园　　图片提供：Ellen（AdvanceMarketWoRx）

现在许多孩子甚至青年人对阅读缺乏兴趣，更缺乏主动性，即使看书也是不喜欢读那些有价值的科学书籍和文艺书籍，只阅读一些轻浮的漫画和短命的、不会留下任何痕迹的低劣作品。这可能是他们不懂得什么是真正的阅读，不善于深入思考所读的东西的含义，不懂得欣赏作品的艺术价值，或者是还没有碰到他真正喜欢的能引起他兴趣的好作品。这是需要老师、家长和社会阅读机构来引导和培养的，因此，家庭、学校、图书馆等机构为青少年选择什么书，如何培养良好的阅读习惯，都需要加以重视和研究。

① 阅读经典，拒绝平庸

开展共享阅读活动正可以给图书馆、学校、社会阅读机构发挥作用的好机会，通过老师、图书馆员和有经验的阅读推广人的有效引导，倡导青少年阅读优秀的书籍，撷取书中的精华，在与老师、同伴的互动交流中，聆听不同观点，开拓新观念与新视野，扩大思考空间，明辨是非，确立自我定位，对人生有更深刻的领悟。

在青少年的阅读当中，文学书籍占据了很大的比重。优秀的文学作品里蕴含着人性中最可贵的东西，有着人生的大智慧，有诗意，有快乐，有真善美，有爱和力量，会影响一个人的生命气度、精神高度和生活质量，会给予一个人应有的人格力量以及豁达、优雅的气质。优秀文学作品所具有的力量对青少年的引导和教育是其他方面不能比拟的。阅读经典，拒绝平庸，阅读文学里的精粹部分，这是青少年在心灵成长过程中应当坚持的原则。

共享阅读的引导者应多给青少年推荐介绍一些世界的、中国的优秀儿童文学和青少年文学，这是最适合他们的读物，是属于他们的真正的阅读天地。

什么是好书和优秀的书，衡量的标准有许多方面，就内容来说，好书能够忠于艺术、有端正的人生价值观、有真挚的感情和广大的同情心、有丰富的想象力、富于幽默感、充满情趣、有独到创意，能启发青少年认识人性和人类感情，给予青少年自由心灵和喜悦心情，培养青少年的审美情操等等。就语言文字来说，好书语言生动流畅，文字精确优美，叙述出奇简明。

就其他方面来说，好书还有一些特点。对于外国引进版作品，译文准确、优美、忠于作者的原有风格，插图精美，这些都是评判好书的标准。

在共享阅读活动中，举办者应向青少年推荐好的版本和好的译本。文学作品尽量少选用缩写本、改编本，因为文学作品本身是结构完整的，其特质在于曲折生动的情节描写，栩栩如生的细节刻画，而缩写本只是抽取其筋骨，失缺了原著中丰满的血肉和丰富的想象力，变成了干枯的故事梗概，读者再也无法体会到原著的精彩细微动人之处。阅读这些缩写本、改编本，对青少年来说往往弊大于利，如果不读原著，是很难了解到原著的价值的。对于外国文学作品，要选择翻译准确、语言流畅生动的全译本。

② 如何选书？

适合于青少年共享阅读的书籍较为广泛，但需要具备一些特征，如具有较高的思想性和艺术性，能给人以启发性，激发人的灵感，能让思想衍生创造的能力，能给人以强烈的审美体验，具有较广阔的讨论空间等等。哲学启蒙书、文学、中学生的青春期心理读物、名人传记、情感和人生修养等类书籍都是共享阅读的最佳选择读本。

▲徜徉在书籍的丛林中　管建平（网名平安）摄　杭州图书馆提供

根据好书的衡量标准和共享阅读的选书要求，我们认为在开展青少年的共享阅读活动中，应以阅读和讨论优秀的儿童文学和青少年文学作品为主，因为这些作品符合青少年的阅读口味和审美习惯，能带给青少年阅读的乐趣、情趣和理趣。具体来说，适合青少年阅读的文学作品有图画书、童话、小说、诗歌、散文、寓言、故事等，前三类特别适宜用于共享阅读。这三类作品是儿童文学和青少年文学的主体，其故事性强、趣味性强、人物形象突出、富于想象空间、语言优美流畅、易于接受等特点，能让青少年产生强烈的阅读兴趣和情感共鸣，易于引申出讨论话题，让人由此而对很多问题产生新的认识。

❸ 共享阅读选书应考虑到共读方式、阅读年龄和人群的需要

• 共读方式

共读方式有读书讨论会、故事会、朗诵欣赏会等。

读书讨论会适宜选用具有较强的启发性、能引发思考和讨论的作品，如《苏菲的世界》、《老人与海》、《小飞侠彼得·潘》、《牧羊少年奇幻之旅》、《飞吧，乔舒亚》、《写给孩子的哲学启蒙书》、《孩子，我们来谈谈生命》等。朗读欣赏可选择文学性强、意境优美、语言生动、充满情趣的作品，如《窗边的小豆豆》、《绿山墙的安妮》、《秘密花园》、《随风而来的玛丽阿姨》、《草房子》、《乌丢丢的奇遇》、《小巴掌童话》、《边城》等，这些作品有许多也可以用于共读讨论。

• 阅读年龄

当前青少年阅读的现状不容乐观，一是阅读量远远不够，二是阅读兴趣不高，真正形成阅读习惯并能享受阅读乐趣的青少年不多。有些人士悲观地宣称，现在的青少年已不读名著了，这可能是社会环境变迁导致的，也可能与家长和教师对阅读名著的正确的指导方法认识不够，其中之一就是名著阅读童龄化。我们经常遇到这样的情况，大人们郑重其是地给孩子们介绍一些成人的经典，但是孩子们却不愿意阅读。我国传统意义上惯称的名著，如但丁、巴尔扎克、歌德、雨果、狄更斯、海明威、托尔斯泰、鲁迅、茅盾、巴金、老舍、曹禺等等这

▲北大附小的两个学生在家庭读书会上共读故事书　照片提供：王益民

些文学名家的大多数作品，是不适合儿童阅读的，但有家长、老师要求学生去读，如小学生读《红楼梦》、《悲惨世界》、《远大前程》、《子夜》等等，导致儿童过早阅读这些成人才能理解的书籍，会让他们失去阅读的兴趣。儿童文学作品也不例外，也需要实行按年龄分级阅读。到了适合的年龄再去读适合的书，可能会得到更多的收益。

进行共享阅读时，对于小学生低年级学生来说，可以选用图画书、童话和具有童心童趣、适合其成长阶段和心理倾向的儿童小说。

小学高年级学生可选用儿童小说、童话或寓言、散文等。

▲共享阅读　　　　　　　　　　　　　　　徐赫临（9岁）画

中学生的阅读能力和理解能力较强，在共享阅读中，可选用小说、历史、传记、哲学启蒙书、人生修养等类作品。

• 阅读群体

共享阅读还可以人群特点作阅读引导，如男孩子、女孩子，因为在儿童和青少年的成长过程中，男孩和女孩会有不同的心理反应，会遇到不同的成长烦恼，共享阅读可结合男孩和女孩的不同性别特点，为他们选择专门反映男孩或女孩成长历程的作品，会使他们容易寻找到心灵的契合点，更具有启迪意义。如适合男孩子共享阅读的书有《男生贾里全传》、《看不见的小人》、《男孩彭罗德的烦恼》、《亲爱的汉修先生》、《少年小树之歌》、《麦田里的守望者》，等等。适合女孩子共享阅读的书有《女生贾梅全传》、《十六岁少女》、《少女的红围巾》、《纸人》、《安妮日记》、《绿山墙的安妮》、《特别的女生萨哈拉》、《布鲁克林有棵树》，等等。

选择一本属于你的书　　　　　　　　　　　　　照片提供：国际阅读素养促进研究（PIRLS）协会

④ 共享阅读推荐图书

　　根据以上分析和青少年文学的发展走向、阅读趋势，我们甄选出三大类——图画书、童话和小说中的杰作作为共享阅读的引导性推荐作品。这些作品首先是经久流传的传统经典；其次是在国内、国际性文学大奖中得奖的作品，包括诺贝尔文学奖、国际安徒生大奖、纽伯瑞儿童文学奖、卡内基儿童文学奖、全国优秀儿童文学奖、图画书中的凯迪克奖等，这些得奖作品是被国际、国内公认的具有高品质的优秀之作；再次是可读性强、具有时代气息的被称为现代经典的作品。主题囊括成长、友谊、博爱、生命教育、哲学启蒙、历险奇遇、幻想、环保等不同类型，作者包括中国、美国、法国、英国、德国、意大利、爱尔兰、瑞典、挪威、加拿大、巴西、日本等国的杰出作家。在我们阅读这些作品的时候，文学的美丽和力量会深深感染我们，我们会觉到，我们是在与世界上最高贵的心灵对话，会使我们的精神向上，生命向善。

　　三大类作品共精选 74 种书籍，每种书所列的译者、出版社作为参考。为了给共享阅读的举办者提供讨论话题的参考性指引，在每一类书后附上其中几本书的"讨论话题设计"。

图画书

图画书，是用图画与文字来共同叙述一个完整的故事，是画成美妙图景的童话，充满童心童趣，充满奇思妙想，充满梦幻色彩，魅力无穷，乐趣无穷。

图画书最主要的特征是用图画讲故事，图画具有叙事功能。

图画书的主题包罗万象，有亲情、成长、亲子沟通、情绪管理、生活习惯的养成、自信、创造思考、想象力的培养、生命教育、战争、环保等等，不胜枚举。优秀的图画书蕴含了多样的社会生活内容，渗透了丰富的人类情感经验。

本书推荐28种优秀图画书供读者共享阅读，这些图画书包

▲图画书《三只小猪》的共享阅读　龚怡如（9岁）绘

括情感培育、品格培养、生命教育、世界环境等，融文学性、艺术性、趣味性于一体，青少年通过阅读讨论这些图画书，可以自然而然地增长知识，涵养性情，拓展思考的空间，学会表达与交往的能力。

童　话

童话是儿童文学的主要种类，它的最大特征是具有浓厚幻想色彩和游戏精神，用虚构的曲折动人的故事情节和浅显易懂的语言文字反映现实生活，奇异性与荒诞性是童话最重要的审美品质。

童话在西方国家已诞生二、三百年，期间一大批杰出的童话作家创作出了

许许多多脍炙人口的童话作品，这些著名童话作家包括丹麦的安徒生，德国的格林兄弟、米切尔·恩德、奥得弗雷德·普鲁士勒，美国的E·B·怀特、鲍姆、乔治·塞尔登，英国的刘易斯·卡罗尔、格雷厄姆、杰·姆·巴里、罗尔

▲童话的共享阅读　　　　　杭州图书馆提供

德·达尔，法国的圣埃克絮佩里，比利时的阿斯特丽德·林格伦，瑞典的赛·格拉洛芙、林格伦、澳大利亚的帕·林·特拉芙斯，日本的安房直子、宫泽贤治等等，国内也有不少优秀的童话作家，如叶圣陶、张天翼、金波、张秋生、孙幼军、冰波、郑渊洁、王一梅等。他们的童话作品都是优秀的作品，深深影响了一代又一代的儿童，广受儿童们的热爱。

本书推荐的大多数童话都是经过了几代人的淘选、有永远的普遍价值观的作品，是应该让儿童们拥有的瑰宝。一个童话就像天上的一颗星星，有童话的夜晚，天空就会星斗满天，童年也就像灿烂的星空美丽无比，生活因此有了向前的光亮，生命也总摇曳着诗意的梦想。

小　说

小说精选的是两部分，一部分是深受人们喜爱的儿童小说，适合小学生和初中生阅读，一部分是屹立于世界小说之林的经典，对阅读程度要求较高，适合高中生或成年人阅读。为共享阅读中讨论和交流的方便，我们选取的这些小说大多都以故事紧凑、短小精悍、篇幅不长为特点。

照片提供：Sunny

3.2　孩子最爱的图画书

麦丽明

阅读提示：本部分我们推荐 28 种适合共享阅读的优秀图画书。图画书主要用图叙事，对儿童产生令人惊叹的吸引力，是儿童成长的心灵鸡汤。对于丰富儿童的心灵和情感，使儿童健康成长，快乐一生能起到不可估量的作用。

共享阅读场景：妈妈或爸爸和孩子共同朗读。

适合阅读年龄建议：3—10岁

① 《花婆婆》

作　者：（美）芭芭拉·库尼 文/图，方素珍 译

出版社：河北教育出版社2007年4月出版

内容介绍：

花婆婆小时候名叫艾丽丝，跟爷爷住在海边。爷爷经常告诉她发生在遥远地方的故事。花婆婆希望长大后也能像爷爷一样到各处去旅行、老的时候住在海边。爷爷告诉她："但你一定要记得做第三件事，做一件让世界变得更美丽的事。"艾丽丝长大以后，到过许多地方旅行，不幸从骆驼上摔下来以后，就住在海边一栋美丽的小屋里。她买了很多鲁冰花的种子，撒在小镇的各处空地。春天来了，山坡上、原野上到处开满了美丽的鲁冰花，人们都喊她"花婆婆"。花婆婆终于完成了让世界变得更美丽的事情！

简评：

《花婆婆》是作者的图画书自传三部曲之一（其他两本是《小岛男孩》和

《海蒂和激浪》），带有浓厚的个人色彩，作者以一种大气和开阔的境界，以纯美的心灵，描绘了花婆婆一生追寻和传播"美丽"的故事。孩童时期奠定的人生信念往往影响着孩子一生的方向，花婆婆从小受到爷爷的言传身教，长大后为世界做一件美丽的事情的信念深深地印在她幼小的心灵中。她不仅自己践行了这样美好的信念，还把它播撒到更多孩子的心里，让"爱"和"美好"在一代代人的生命中得到传承和延续。

② 《爱心树》

作　者：（美）谢尔·希尔弗斯坦 文/图，傅惟慈 译

出版社：南海出版公司2003年8月出版

内容介绍：

一则有关"索取"与"付出"的寓言。一棵大树用他全部的生命给予男孩无私的爱和奉献，男孩小时候常在树下树下玩耍，后来男孩长大了，离开了树。从青年到中年到老年，他偶尔还会来找他童年的伙伴"大树"，他不再喜欢爬树玩，他需要钱、房子、船……每一次"大树"都倾其所有地满足"男孩"，"男孩"拿走了树的果实、树枝、树干……

简评：

这是一个温馨而略带哀伤的故事。谢尔·希尔弗斯坦为各个年龄的读者创造了一个令人动容的寓言，关于施与受，爱与被爱的寓言。美国《出版商周刊》评价《爱心树》是为数不多的不必把读者加以分类的作品之一，雅俗共赏，老少皆宜。书的插图简单朴实，但韵味无穷，尤其对大树的刻画，灵动的几根线条描画就表现了枝条不同的姿势和不同的感情，充满了想象的空间。

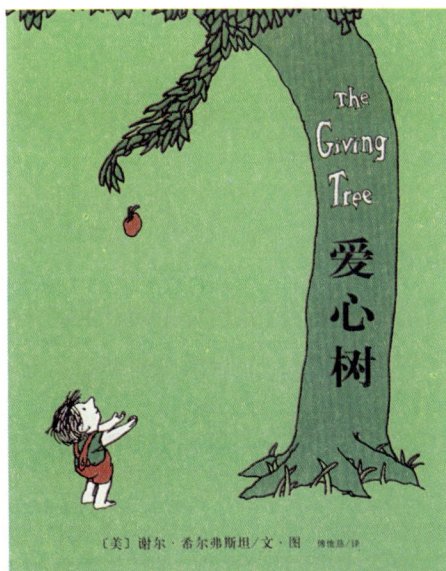

THE GIVING TREE
爱心树
〔美〕谢尔·希尔弗斯坦/文·图　傅惟慈/译

③ 《獾的礼物》

作　者：（英）苏珊·华莱 文/图，杨玲玲、彭懿 译

出版社：少年儿童出版社2006年9月出版

内容介绍：

獾很老了，知道自己快要死了，它告诉动物朋友们它只是到隧道的另一头。獾的死给朋友们带来悲伤。大雪纷飞，更加深了朋友们的思念。春天快到来了，动物们坐在一起，说起獾教会他们做的每一件事，大家觉得獾虽然离开了，但它给他们留下了最珍贵的"礼物"。积雪融化了的时候，动物们的悲伤也慢慢融化了。

简评：

《獾的礼物》引导读者探索生命的意义。能让孩子从中学习用正面积极的人生态度面对待"死亡"，明白生、老、病、死乃是一个自然现象，提升孩子对失落与悲伤情绪的处理能力。从獾留给动物们的礼物当中，孩子们懂得生命的意义和存在的价值，知道精神的永恒，并提升对生命的尊重与关怀。

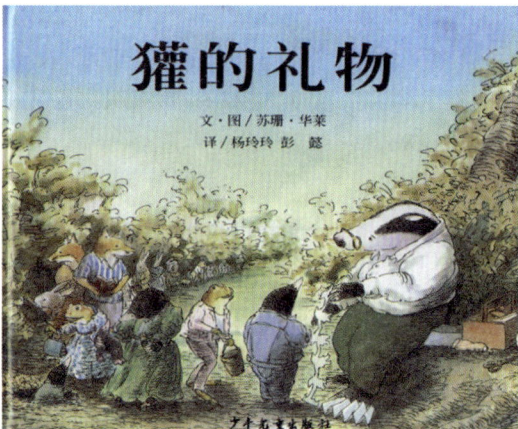

④ 《雪花人》

作　者：（美）贾桂琳·贝格丝·马丁 著，（美）玛莉·艾扎瑞 图，柯倩华 译

出版社：河北教育出版社2007年9月出版

获　奖：1999年美国凯迪克金奖

内容介绍：

这是一个真实的传记故事。威利·班特利是一位农家孩子，他从小就喜欢观察雪花，他的父母送他一台显微照相机，他用相机把雪花拍摄下来，年复一

年地拍摄，不论寒冷和暴风雪都无法阻挡他坚持的脚步，无法减却他对雪花的热情。通过他的摄影，人们才了解到雪花的种种美丽。他一直拍摄到人生的终点，成为一位研究雪的专家，因此，人们称他为"雪花人"。

简评：

作者马丁曾这样总结主人公班特利的优良品质："他在没人注意的地方看到美丽。他的理想，全心全意的坚持，视雪比金钱更珍贵，使他成为我心目中的英雄之一。"本书荣获美国图画书大奖凯迪克金奖，评审对这本书的评价是"美丽且思虑周详的设计、诗意兼具知识性的文字、独具吸引力和启发性的艺术表现"。整本书的绘作手法主要采用木刻，绘者艾扎瑞以生动的木刻画和淡雅的色彩刻画场景和人物，每个画面用黑色粗线框起来，画页旁边衬以雪花图案。叙述文字简明扼要，另外在旁边增加说明文字，以补充故事中省略的片段。

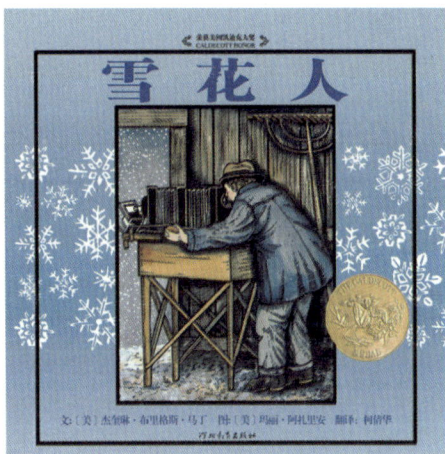

5 《雪人》

作　者：（英）布力格 著
出版社：明天出版社2009年11月出版
获　奖：1979年荷兰银画笔奖

内容介绍：

夜里，小男孩起床去看他白天堆的雪人，雪人竟然脱帽与小男孩打招呼。小男孩高兴地带雪人参观自己的家，雪人对男孩家里的一切都觉得很好奇。用餐之后，雪人带着男孩飞上了雪花漫舞的天空，飞过森林，飞过美丽的城市，飞过覆满白雪的大地……

简评：

《雪人》是一本无字书，即使是一个不识字的孩子，也能读懂它。《雪人》是用彩色铅笔绘的，因而画面洋溢着柔和温暖的色调，造成朦朦胧胧的效果，如真如幻，令这个冬夜的故事美丽而迷人。1978年《雪人》刚出版时，美国《书目》杂志给予了高度的评价："雷蒙·布力格居然用如此寒冷的主题创造了这样一本温暖的书，真是了不起！"

⑥《苏菲的杰作》

作　者：（美）艾琳·斯安内利著，（美）简·戴尔 图，柯倩华 译

出版社：河北教育出版社2008年5月出版

内容介绍：

苏菲是一只蜘蛛。同伴们都说总有一天它会织出了不起的杰作。苏菲长大后需要独立生活，它在房东太太、船长和厨师的家里不遗余力地帮他们织不同的作品，一次次的磨炼让它的技巧更出色了。但这些人家对苏菲不欢迎，最后，苏菲去到一位即将生宝宝的女主人家里。女主人对它微笑，苏菲决定给新生命织一条温暖的毯子。它不停地织啊织，用了月光、细松枝的香气、雪花、摇篮曲来织，就在小宝宝诞生的那一刻，苏菲用最后的生命织成了"了不起的杰作"，"把自己的心也织进去了"。

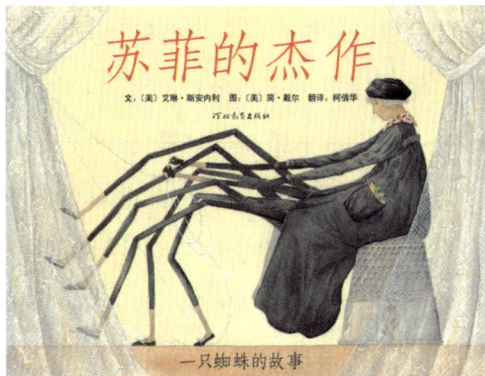

简评：

苏菲既普通又不普通，普通的是它与别的蜘蛛一样会织网，不普通的是它执著地为世界创造着美，终身不弃，终于成就了自己了不起的杰作，也完成了它生命的传奇。本书浓厚的文学色彩、细腻精妙的图画、巧妙独特的构思、逼真完美的角色的造型和姿态，共同塑造了一个充满爱心的艺术家苏菲

的形象。

7 《两棵树》

作　者：（法）伊丽莎白·布莱美 著，小燕 译

出版社：湖北美术出版社2007年5月出版

获　奖：法国"圣埃克絮佩里奖"

内容介绍：

有两棵树，一棵长得高大，一棵长得矮小。它们是那么友好。有一天，花园被人买走，中间砌起了一堵高墙，挡住了两棵树彼此的目光。大树感到好孤独，叶子渐渐枯黄，小树在墙那边安慰它。经历了一段长长的孤独时光，终于有一天，大树看见了一片绿叶，从高墙那边攀伸过来，向小树道一声问候。岁月改变了彼此的容貌，但谁也不能再将它们分隔。

简评：

诗人、书评家徐鲁在本书封底作了这样的评述："这个带着浓郁的抒情意味的故事，看上去是那么简单和纯美。它将告诉孩子们如何去对待身边的好朋友，怎样去珍惜那些平淡的、却又是不可缺少的友谊。友谊是什么呢？友谊就是旷野上的一棵树对身边另一棵树的默默关注；是一片小小的绿叶，在你孤独和绝望的时候默默地从高墙那边伸过来；像一只温暖的小手，握住你的手，给你安慰、鼓励和希望。当然，作家通过这个故事所要探究的，还有人类情感中的一些更深层的、也是永恒的和必须面对的问题：例如，应该如何对待生命中的相逢与离别；当人与人、人与世界相遇之后，应该怎样去珍惜那些在拥有时也许并不觉得有多么珍贵、一旦失去后方才感到了它们的温暖、宝贵和伟大的东西。"

⑧《石头汤》

作　者：（美）琼·穆特 文/图，阿甲 译

出版社：南海出版公司2007年6月出版

内容介绍：

三个和尚——阿福、阿禄和阿寿，行走在山路上，讨论着什么使人幸福。他们来到一个历经苦难的村子，村民们对这个世界没有信心，彼此之间也不往来，对陌生人更是不信任。和尚们出现在村子时，村民们立刻惊慌失措地关紧门窗，熄灭灯火。可是，和尚们在村子中央架起大锅煮起了石头汤……

简评：

《石头汤》源自欧洲传统的民间传说。美国作家琼·穆特把它改写成书，把背景设在中国，借用佛教的传统，并用华丽的水彩画呈现中国水墨的风格，使故事充满了中国传统文化的气息和禅宗的韵味，风格独树一帜。三个主人公的名字福、禄、寿，使人联想到世俗对幸福的追求。故事结尾说："分享使人更加富足"、"幸福就像煮石头汤那样简单"，无味的石头汤、无味的生活，通过不断地加入材料、加入快乐，就可以变成一锅浓浓的幸福汤。

⑨《黑兔和白兔》

作　者：（美）加思·威廉斯 文/图，彭懿 译

出版社：南海出版公司2008年6月出版

内容介绍：

森林里，白兔和黑兔整天快乐地在一起

玩。每次玩了一会儿，小黑兔就坐着不动了，看上去很忧伤。小白兔不断地追问，小黑兔终于说："我在许愿。我希望能一直和你在一起，永远不分开。"小白兔满足了小黑兔的愿望，于是，他们举行了婚礼，从此，一起快乐地生活在大森林里。

简评：

简单温暖的情节，细腻空灵的画面，温馨隽永的语言，清澈如水的目光，纯真温柔的心灵，表达了千千万万的人们对"爱"的渴望。

⑩《活了100万次的猫》

作　者：（日）佐野洋子 文/图，唐亚明 译

出版社：接力出版社2004年10月出版

内容介绍：

有一只100万年也不死的猫，它死了100万次，又活了100万次。有100万个人宠爱过这只猫，有100万个人在这只猫死的时候哭过，可是猫连一次也没哭。它先是国王的猫，然后是水手、魔术师、小偷、孤老太太和小女孩的猫。猫已经不在乎死了。后来，猫变成了一只野猫，猫头一次变成了自己的猫。然后，猫爱上了一只美丽的白猫……

简评：

《日本经济新闻》评论本书："是一个从孩子到大人都可以接受的不可思议的故事。"本书对生与死以及爱的思索，具有超越时空的永恒价值。

⑪《团圆》

作　者：余丽琼 著，朱成梁 图

出版社：明天出版社2008年2月出版

获　奖：丰子恺儿童图画书奖最佳儿童图书首奖

内容介绍：

本书讲述一个外出打工者过年时回家与妻子女儿团圆的温馨感人的故事。春节到了，奔波在外的爸爸回家了。"我"刚见到爸爸时吓得大哭，透过理发店的镜子"我"找回了熟悉的爸爸的样子。爸爸为家里忙前忙后，包汤圆，带"我"去拜年，还让"我"骑在肩膀上看舞龙灯。爸爸要走了，我把从汤圆里吃出来的硬币送给了爸爸。

简评：

《团圆》是一部充满时代气息又融入了民族传统文化的中国原创图画书，具有浓厚的中国人的情结和强烈的艺术感染力。中国人过年时特有的红色的运用为整本书抹上了一层浓浓的喜庆色彩。那枚象征好运的硬币成为贯穿全书的道具，既体现了中国人的民间风俗，更是触发父女情感、传达爱意的纽带。

⑫ 《爷爷一定有办法》

作　者：（加）菲比·吉尔曼 文/图，宋珮 译

出版社：少年儿童出版社2005年2月出版

获　奖：加拿大克力斯提先生书奖、露丝·史瓦兹奖、维基·麦卡夫奖

内容介绍：

《爷爷一定有办法》根据一个流传已久的民间故事绘作，说的是一个充满爱心、有智慧的爷爷，把孙子心爱的破毯子巧妙地变成外套、背心、领带、手帕、钮

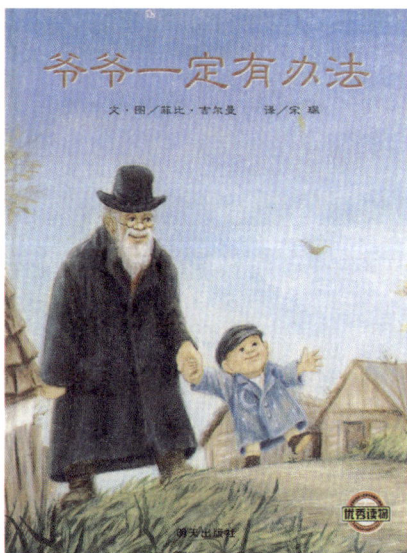

扣的故事。

简评：

译者宋佩推荐本书说："她（菲比·吉尔曼）用重复而有节奏的文字来说故事，既简单又生动，在每一个情节转折处都让读者有着惊喜之感。而爷爷和约瑟间的情感，也在这样的节奏中层层交织，使读者体会到一个家族情感的传递是多么重要。除了文字的叙述外，作者更在图画中'说'出了文字没有说出的情节，并且发展出另一个无中生有的故事。""作者利用每一页的下方，连续地画出一个老鼠家庭的故事，由爷爷为约瑟缝毯子开始，剪裁下来的碎布，就成了老鼠家庭增添衣服、毯子、窗帘……的材料。"

⑬ 《我的爸爸叫焦尼》

作　者：（瑞典）·R·汉伯格 著，（瑞典）爱娃·艾瑞克松 图，彭懿 译

出版社：湖北美术出版社2009年1月出版

内容介绍：

狄姆是一个离异家庭的孩子。他不能常常见到爸爸焦尼。今天，他可以和爸爸快乐地度过一天了。狄姆在火车站见到爸爸，他们很高兴在一起做想做的事。他们吃了热狗，看动画片、吃比萨、去图书馆、喝咖啡，狄姆很自豪地对见到的所有人说："这是我爸爸，他叫焦尼。"狄姆舍不得爸爸离开，时间终于到了，在火车站台上，爸爸将狄姆抱上火车，大声地对车上的人说："这孩子，是我的儿子。最好的儿子，他叫狄姆！"

简评：

一位叫米米的读者在一篇书评中这样评述本书："书的封面，一对父子手

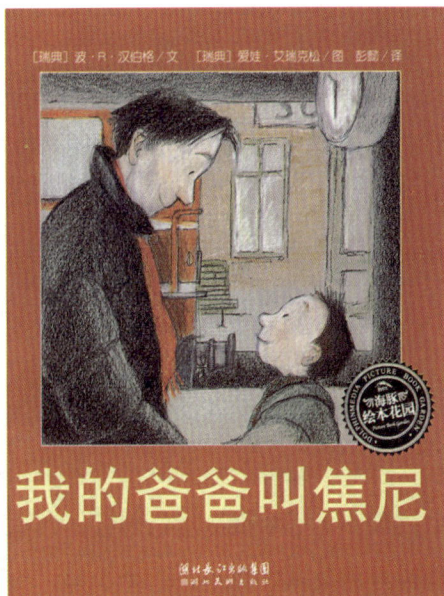

牵着手，一个抬头，一个低头，四目相对，相似的模样，微笑也一样，这样温馨的场面不用多，只是一眼，就会深深地打动你。""这的确是一个关乎'爱'的故事，在父母分离的无奈背后，我们看到更多的则是绵延不断的爱。有了爱，即便是分离，又当如何呢？"

14 《你睡不着吗？》

作　者：（爱）马丁·韦德尔 著，（爱）芭芭拉·弗斯 图，潘人木 译

出版社：明天出版社2008年12月出版

获　奖：荣获1988年英国格林纳威奖大奖

内容介绍：

森林里住着大大熊和小小熊。他们白天一起玩；晚上，小小熊因为怕黑睡不着，大大熊为他点上灯。但黑暗还是包围着熊熊洞，小小熊还是睡不着，大大熊牵着小小熊走出洞外，那儿真的也很黑。大大熊把小小熊抱起来，面对着巨大的满月，大大熊说我已经把月亮给你拿来了，明亮亮黄澄澄的月亮哟。小小熊温暖地、安全地在大大熊臂弯里睡着了。

简评：

一本用温暖陪孩子赶走怕黑情绪的最佳图画书。儿童文学作家梅子涵对这个故事作了一个很适当的解读："这个故事好像是一个夜晚的，其实我们应当理解为是很多夜晚，是一个小熊，一个孩子成长的很长很多的时日的。他们会不安，会害怕，会有很多的困扰，因而会有很多的请求。一次，一次，很多次。一天，一天，很多天。大大熊都是照旧地走到跟前，照旧地关切，照旧地取出灯来。他一点儿也不马马虎虎地应付。他其实很累的。但是他仍旧耐心，仍旧温和。"

⑮ 《你看起来好像很好吃》

作　者：（日）宫西达也 文/图，杨文 译

出版社：二十一世纪出版社2009年1月出版

内容介绍：

很久以前，甲龙宝宝出生了。他觉得好孤单，一边哭一边走。"嘿嘿嘿嘿，你看起来好像很好吃！"一头霸王龙流着口水，正要猛扑过去，甲龙宝宝叫了一声"爸爸"，抱住了霸王龙。霸王龙问怎么知道我是你爸爸，小甲龙说我的名字就叫"很好吃"，他以为知道他名字的，一定就是爸爸。霸王龙很受感动，与小甲龙友好地相处，教会小甲龙各种各样的本领，并帮助他回到了父母的身边。

简评：

这是发生在一只霸王龙和一只小甲龙之间感人至深的父子亲情故事。一向凶残粗暴的霸王龙为了这个叫他"爸爸"的"儿子"而产生无限温柔的舐犊之情，正如本书中文导读所说的："每一个人心里都有一颗爱的种子，即使是粗暴可怕的霸王龙。在遇到小甲龙之后，小甲龙对'爸爸'的无限信任、真诚、关爱和无比骄傲，让霸王龙埋在坚硬'土壤'里的'爱的种子'发芽啦。虽然失去'很好吃'的美味，霸王龙却尝到了被爱的滋味。因为有人爱着，他便也不再孤独。"

⑯ 《小魔怪要上学》

作　者：（法）玛丽·阿涅丝·高德哈文，（法）大卫·派金斯 图，李英华 译

出版社：湖北美术出版社2007年10月出版

内容介绍：

小魔怪是食人魔的孩子，但他从来不吃人。他常藏在树丛后面羡慕地看人类的小孩子玩游戏。一天，他捡到了一本书，为了看懂它，小魔怪决定要去上学。小魔怪很努力地学习，很快，他会认字、会阅读了。他念书上的故事，爸爸和妈妈被吸引住了，接下来的一个又一个晚上，爸爸妈妈随着故事一会哭一会笑。从此以后，小魔怪每天都可以吃到美味的苹果派和牛奶米饭。食人魔爸爸妈妈也和小魔怪的同学变成好朋友了！

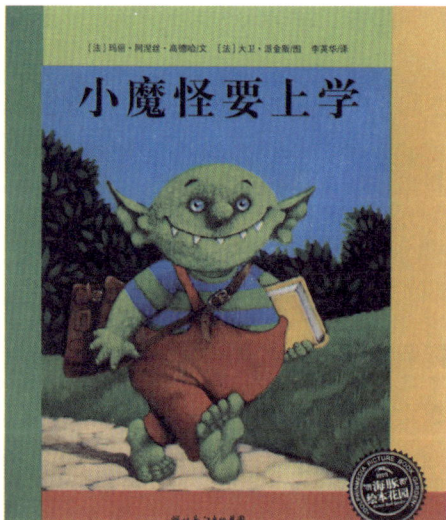

简评：

儿童阅读推广人王林对本书作出这样的评价："它是一本讨论阅读的力量的书。这就是阅读的力量，它甚至能改变食人魔的'饮食习惯'，使其初步具有'人性'。这是每个读完这本书的人都会得出的大致印象，但我以儿童阅读的'专业眼光'来看，这本图画书简直就是一篇关于儿童阅读的'寓言'"。王林认为，这本书适合两种人看：一是不爱读书的孩子，父母可以通过小魔怪上学的故事来激励他；一是不爱读书的大人，希望他们读了这个故事后，能多一些时间陪孩子阅读。

17 《妈妈的红沙发》

作　者：（美）薇拉·威廉斯 著，（美）薇拉·威廉斯 图，柯倩华 译

出版社：河北教育出版社2007年4月出版

获　奖：获美国凯迪克银奖

内容介绍：

一场大火把家里的东西全烧光了。搬新家时，亲戚和邻居们送来好多东西，但我们想要一张柔软又舒服的大沙发，好让妈妈下班回家坐着休息。外婆

说："幸好我们还年轻，可以从头开始。" 于是外婆、妈妈和我努力攒钱，妈妈拿回来一个大瓶子，我们把零钱存起来。瓶子满了，我们逛了四间家具店，终于买到了梦想中的红沙发。

简评：

威廉斯的作品善于表现生活、家庭与爱，善于发现人生中的美丽与善良。《妈妈的红沙发》表达了一家三代女性以积极乐观的生活态度面对灾难，以自信、节俭、团结的精神为着梦想而奋斗。小女孩在这场灾难面前，学到了勤勉、体贴、关心和孝顺，也学会了心存感激。

18 《犟龟》

作　者：（德）米切尔·恩德 文，（德）施吕特 图，何珊译

出版社：二十一世纪出版社2009年1月出版

内容介绍：

乌龟陶陶听鸽子说狮王二十八世要举行婚礼了，邀请所有动物去参加。乌龟想了一天一夜后，决定去参加有史以来最热闹的婚礼。去狮子洞的路很远，乌龟做了充分的准备。它上路了，虽然走得很慢，但还是一步一步地往前走，走错了方向又重新调整过来。途中，它遭到蜘蛛、壁虎等动物的嘲笑和劝阻，又听说狮王二十八世与老虎拼杀时受伤去世了，但它不改变初衷，坚信一步一步坚持走，一定会到的。最后，它赶上了狮王二十九世的盛大婚礼，看到了从

未有过的、最美好的庆典。

简评：

儿童文学作家梅子涵曾为本书阐释了犟龟的"坚持"哲学："我们都会上路。那是做人的一世、做事的一生推辞不了的。它是响应了心底的一个愿望、或是响应了远处的一个邀请。所以，像蜘蛛那样，像蜗牛那样，像壁虎那样，是一定不行的。它们的心里也是略略动荡过一下的吧？可是他们热情不够，信心不够，思考得太多，结果就只好在原处自作聪明，没有作为了。犟龟是一个有热情接受邀请的人。犟龟更是一个特别尊重自己的决定的人。犟龟的故事讲的是全程的坚持，可是它不再仅仅是讲了坚持到底就是胜利。狮王二十八世已经死了，坚持到底还是没有它的婚礼，可是这样坚持着的犟龟却参加了二十九世的婚礼。原来只要上路，就终究没有落空那回事；原来只要不停地走，虽然难免还是实现不了这一愿望，可是你知道吗，另外一个更隆重的庆典却是意外地开始了！记住这个哲学：上了路，就天天走，总会遇见隆重的庆典。"

⑲《安的种子》

作　者：王早早 著，黄丽 绘

出版社：海燕出版社2008年12月出版

内容介绍：

一个下雪的冬天，在一个古老的寺院里，老和尚给本、静、安三个小和尚每人一颗珍贵的千年莲花种子。本迫不及待地在寺院找一角落把种子种了下去，静用了最珍贵的药水花盆在暖房中种下种子，结果都没有成功。而安只是说"我有了一颗种子了"，把种子装进布袋挂在胸前，然后从容地照常去买东西、扫积雪、做斋饭、挑水。待到春暖花开的季节，安把种子播下，静待，当千年莲花绽放，芬芳的喜悦溢满心头。

简评：

这是一个讲述遵循大自然规律的寓言，一个让人宁静从容的故事。书中的图画富有中国传统意味画面的古朴、静谧，与故事的氛围相得益彰，突显了安从容淡定、宁静如水的生命态度。

⑳《大脚丫跳芭蕾》

作　者：（美）埃米·扬 文/图，柯倩华 译

出版社：河北教育出版社2007年4月出版

内容介绍：

一个叫贝琳达的女孩很喜欢跳芭蕾，可是芭蕾舞表演选拔时评委嫌她的脚太大拒绝看她的表演。她只好放弃跳舞，在餐厅找到一份工作。不过她还是忘不了跳舞。一天，有个乐团来到餐厅表演，贝琳达随着美妙的音乐情不自禁跳起舞来了。老板邀请贝琳达为餐厅的客人跳舞，餐厅的客人越来越多，很喜欢她的表演，大都会芭蕾舞团的指挥也来看她跳舞，并邀请她到大剧院表演。贝琳达又回到舞台，她快乐极了，因为她可以一直跳舞。至于评审委员说什么，她一点也不在乎了！

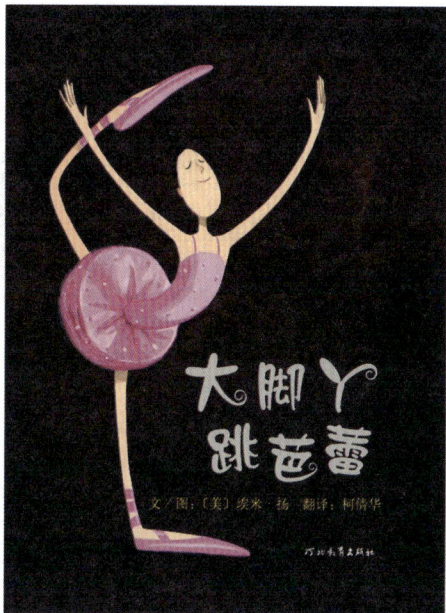

简评：

作者埃米·扬运用运用清新、充满阳光般的水彩勾画出贝琳达的舞蹈世界，明艳的粉红、蓝和紫营造出悦目的画面，展现了贝琳达对跳芭蕾无比的热情和自信，使她的生命洋溢着迷人的魅力。整本书画面简洁有力，色彩和谐，线条巧妙，手法夸张，贝琳达的黑色发髻、长手、长腿和一双大脚以漫画般的幽默手法表现出来，贝琳达跳芭蕾时的种种美妙的伸展、跳跃姿势，表现出芭蕾舞优雅的韵律。

获奖：获1996年度日本产经儿童出版文化奖、富士电视奖

21 《世界上最美丽的村子——我的家乡》

作　者：（日）小林丰 文/图，蒲蒲兰 译

出版社：二十一世纪出版社2008年10月出版

内容介绍：

故事发生在阿富汗。春天，巴格曼村开满了花，美丽极了；夏日收获的季节里，村子里充满甜甜的果香。由于哥哥被征召到远方战场，小男孩亚默代替哥哥到镇上帮爸爸卖樱桃。镇上集市很热闹，亚默怀着战战兢兢的心情叫卖着樱桃，仍然出色地卖完了。后来父亲带着亚默，花掉所有卖水果赚的钱，买了一只小绵羊。亚默很开心，给小绵羊取名叫"春天"，因为亚默期待哥哥春天会从战场回来。

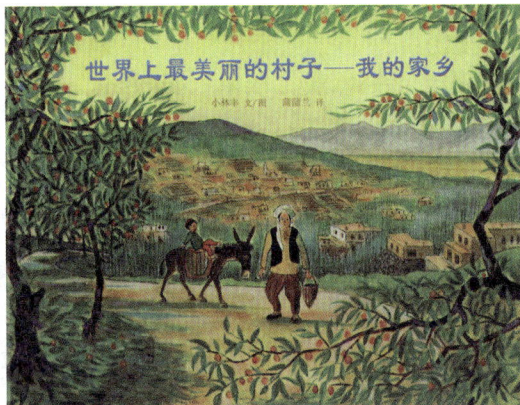

简评：

儿童文学评论家朱自强评论本书："这个故事的结尾是悲剧，其主题在于控诉战争、祝愿和平，但是这本书表现这一主题时，既没有情感过剩，同时又举重若轻，以一滴水反映太阳的光辉，以一粒沙凝聚广阔的宇宙。"

22 《野兽出没的地方》

作　者：（美）莫里斯·桑达克 文/图，阿甲 译

出版社：明天出版社2009年12月出版

获　奖：1970年国际安徒生奖画家奖得主的代表作，1964年凯迪克奖金奖

内容介绍：

男孩麦克斯在家里没完没了地撒野。妈妈说："你是个野兽！"麦克斯说："我要吃了你！"妈妈不给他吃晚饭，让他去睡觉。晚上，麦克斯扬帆出

海，去到野兽出没的地方。他对野兽施了魔法，做了野兽之王，又与野兽一起闹腾，直到他疲倦了，感到很孤单，决定回家。一进门，他发现妈妈为他准备的晚饭还热着呢。

简评：

本书被誉为"美国第一本承认孩子具有强烈情感的图画书"。作者莫里斯·桑达克这样解释自己的这部作品："用来挑战属于童年的一个可怕的现实：当孩子恐惧、愤怒、痛恨和受挫折时感受到的无助——所有这些情绪都是他们日常生活的一部分，而他们认为那是难以控制的危险的力量。为了征服它们，孩子们就求助于幻想：在想象的世界中那些令人不安的情绪得到解决，直到他们满意为止。通过幻想，麦克斯消解了对妈妈的愤怒，然后困倦、饥饿和心平气和地返回到真实的世界里……正是通过幻想，孩子们完成了宣泄。这是他们驯服'野兽'的最好方法。"

㉓ 《再见，小兔子》

作　　者：约克·史坦纳 文，约克·米勒 图，王星 译

出版社：南海出版公司2010年1月出版

获　　奖：布拉迪斯拉法国际插画双年展大奖

内容介绍：

在兔子工厂里，兔子们住在装有饲料传送带的狭窄的笼子里被饲养着。一只小棕兔刚被捉进笼子里，一只大灰兔对它说，那些被带走的兔子从没有回来过。大灰兔在工厂里待得太久了，早就忘记了外

面的世界，而小棕兔却想念着太阳月亮、青草树叶。两只兔子终于逃出了兔子工厂，经历了冒险的一天。大灰兔做出了回兔子工厂的决定，它们互道祝福分别了。

简评：

两只命运不同的兔子在大自然面前作出了不同的选择，大灰兔回到冰冷的、前途暗淡的工厂，小棕兔则留在了生机勃勃的乡野。画家约克·米勒运用画笔的力量，引导人们去思考生活的惯性和出发的梦想。惯性的力量是巨大的，经年累月地影响着人们的思维和行为，就像大灰兔已经适应了工厂的一切，不是没有能力去改变，而是不愿去改变，选择重新出发是需要勇气和毅力的。

24 《西雅图酋长的宣言》

作　者：（美）西雅图酋长 著，（美）苏珊·杰佛斯 图，柯倩华 译

出版社：河北教育出版社2007年11月出版

内容介绍：

印第安人是美国的原住民，欧洲来的白人移民政府侵占了他们定居千年的土地，并肆意破坏大自然。在印第安人抗争多年之后，美国政府决定向印第安人购买土地。印第安酋长西雅图于1854年1月发表演讲，传达了印第安人对大地自然的哲学，成为人类历史上最伟大动人的声音之一。

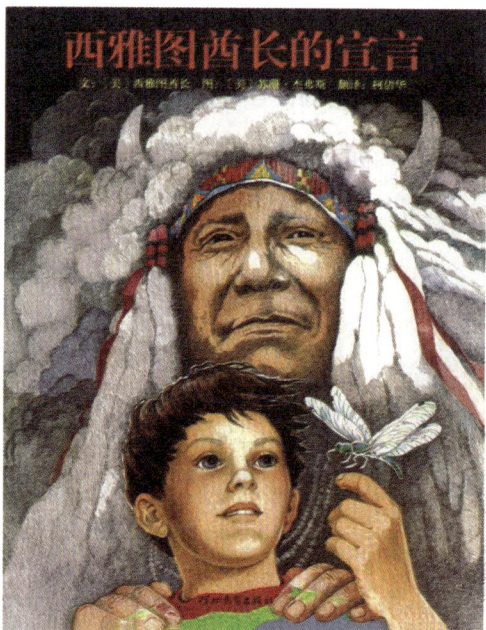

简评：

这是一本能引起孩子和大人深入思考的图画书，绘画技巧也相当高超。

㉕《小房子》

作　者：（美）维吉尼亚·李·伯顿 文/图，阿甲 译

出版社：南海出版公司2007年8月出版

获　奖：1943年获凯迪克金奖，1959年获刘易斯·卡洛尔书架奖

内容介绍：

小房子每天坐在山冈上看日升日落，看月亮星辰，看四季变化，还看远处城市的灯光，她对城市很好奇。一天，小房子看见山冈前慢慢地被挖出了一条公路，后来又看见盖起来的商店、高楼、学校，开通的有轨电车、高架列车，行色匆匆的行人和乌烟瘴气的城市……小房子不喜欢住在城市里，她怀念从前的乡下。小房子的主人的后代发现了小房子，把她移到了一片原野中央的小山冈上，小房子心满意足地又可以欣赏大自然的风景了。

简评：

儿童文学作家彭懿曾对《小房子》作过这样的解读："《小房子》问世已经有六十多年了，今天人们谈论它最多的，还是它对现代文明的担忧和批判。急剧膨胀的都市化，宛如一头长驱直入的怪兽，转瞬间就吞噬了小房子、吞噬了丘陵和丘陵上的雏菊和苹果树……在这个故事里，小房子是大自然的象征，是现代文明的牺牲品。即便是结尾，尽管小房子得救了，重新在一片长着小雏菊和苹果树的丘陵上找到了归宿，但还是留下了一个悬念，不是吗？又有谁能保证它永远不再被现代文明所吞噬呢！所以我们要说，这是一个美丽的故事，也是一个弥漫着悲哀的故事。"

㉖《风到哪里去了》

作　者：（美）夏洛特·左罗托夫 著，（意）斯蒂芬诺·维塔 图，陈丹燕 译

出版社：少年儿童出版社2006年7月出版

内容介绍：

过完了一个快乐的白天，夜晚来临了，小男孩问：白天为什么不见了？风停了以后，又到哪里去了呢？他妈妈解释说，风只是吹到别的地方，让那里的树跳舞。还有波浪退回海里变成新的波浪，雨回到云里生成新的雨，树叶回到泥土变成新树，冬天结束冰雪融化春天就来了。妈妈告诉男孩，世界的物质就是这样循环往复，从一个地方到另一个地方，从一种形式转变成另一种形式。

简评：

这是一本美丽的图画书，也是一本适合亲子阅读的科普书。不是吗？每个孩子都爱问为什么，这本书可以帮助家长与孩子一起探索自然界的秘密。

27 《1999年6月29日》

作　者：（美）大卫·威斯纳 文/图，范晓星 译

出版社：浙江少年儿童出版社2008年9月出版

获　奖：美国图书馆协会卓越儿童图书奖，美国《号角》杂志年度最佳图书奖

内容介绍：

在美国新泽西州霍霍库斯市，女孩霍莉·埃文斯经过几个月的周密研究和计划，终于在1999年5月11日将蔬菜的秧苗发射升空。她对自己的科研项目期望极大。1999年6月29日这天，离奇的事件从天而降，巨大无比的蔬菜在美国各地飘落下来。霍莉无法相信这是她的实验结果。

简评：

本书的文字正如书名一样平淡无奇，而威斯纳正是采用这样朴实无华的叙述风格创造了一个荒诞离奇、异想天开，具有震撼视觉效果的故事。

㉘《失落的一角》

作　者：（美）谢尔·希尔弗斯坦 著，陈明俊 译

出版社：南海出版公司2008年3月出版

内容介绍：

《失落的一角》讲述的是一个不完满的圆寻找自己失落的一角的故事。它上路了，一边唱着歌一边寻找。经历了烈日暴雨，跨过高山越过海洋，遇见有的一角太大，有的太小，有的又太尖，经过千辛万苦，终于找到非常合适的一角。它们组成完整的圆，滚动起来越来越快，但是圆唱不了歌了，于是它把那一角轻轻放下，又唱着歌继续追寻……

简评：

这是谢尔最脍炙人口的作品之一，一则关于"完美"与"缺憾"的寓言，美国《时代》杂志对本书的评价是："他的富有魅力的作品再次证明了，在艺术上，越简单的东西表达的往往越多，而真理往往用简单的话语便能加以表达。"《纽约时报》书评则高度评价该书里有"一种大智若愚的简单留给人们更多的思考和阐释"。

小贴士 共享阅读讨论话题设计举例

《花婆婆》

1. 您觉得花婆婆是个怎样的人呢？她做过哪些事？对周围产生了什么样的

影响？

2. 花婆婆到世界各地去旅行时有没有发生一些让她很快乐的事？花婆婆觉得这个世界已经很美丽了，为什么？

3. 你觉得花婆婆做的事情重不重要？

4. "做一件让世界变得更美丽的事"这句话，你是如何理解的？

5. 我们可以用什么方法让我们生活的世界变得更美丽？

6. 孩子童年时期奠定的信念，往往会成为他一生的人生指南。你认为我们如何给孩子的童年播种美好的信念和理想？

▲故事妈妈与孩子们共读图画书　　　　　　　　小书房郑州站提供

《爱心树》

1. 本书封面上的英文名字是——The Giving Tree，直译过来就是"一棵不断给予的树"。如何理解这是一个"给予"的故事？

2. 为什么树为小男孩付出了自己的一切？树和男孩之间是怎样的感情关系？

3. 你觉得小男孩爱树吗？假如你是小男孩，你会一直向树索取吗？

4. 当小男孩砍下树干，离开了，树的感觉是怎样的？

5. 坐在老树墩上的那个男孩，会想起些什么？如果是你，你又会对大树说些什么？

6. 树也需要爱。如何体会树对男孩的"需要"和"盼望"？

7. 书从头至尾，不论男孩已长大，变成中年人、老年人，树都把他唤做"孩子"，这意味着什么？

8. 树是不是给予太多了？男孩是不是索取得太多了？树这种无私付出是一种真爱吗？

9. 在我们周围有哪些人就像那棵苹果树一样，总在为我们付出？我们如何表达感恩之情？

10. 本书的图画风格是怎样的？画面中，树的形象是如何变化的？用什么样的表现手法？通过这样的变化，表现出的大树怎样的情感变化？

《獾的礼物》

1. 从封面上来看，猜一猜獾的"礼物"是朋友送他的，还是他送给朋友的呢？了解獾的礼物是什么。

2. 獾常常说，不久的将来，他会走向长隧道的另一头，你觉得那是一个什么地方？

3. 这是一只怎样的獾？獾给朋友的信上写了什么？结合画中的颜色谈谈獾用怎样的心情面对死亡的到来？

4. 你喜欢故事中的獾吗？说说你的理由？

5. 为什么所有动物谈到獾时都露出喜悦和微笑？它们最后想向獾说什么话？

6. 为什么獾送给朋友的礼物，他们都会永远珍藏下去？这些礼物有什么意义？

《世界上最美丽的村子——我的家乡》

1. 谈谈你对阿富汗的认识。

2. 请描述一下这个世界上最美丽的村子巴格曼村是怎样的？

3. 亚默独自卖樱桃时，他是如何把樱桃卖完的？

4. 亚默最期待的事情是什么？

4. 亚默为什么给小羊取名"春天"？

5. 在世界上，可能有很多地方都比巴格曼村漂亮，它为什么会被称为世界上最美丽的村子呢？

6. 是什么扼杀了小亚默的成长与希望？

7. 谈谈你对战争的认识。战争是什么？战争带给人们什么样的灾害？如何才能避免战争？

8. 美丽的画面如何与战争主题形成反衬？为什么要这样表现？

▲共享阅读　　　　　　　　杨舸（9岁）绘

3.3 永不凋零的花朵：童话

麦丽明

阅读提示： 本部分推荐17本优秀的童话书。一个童话就像天上的一颗星星，有童话的夜晚，天空就会星斗满天，童年也就像灿烂的星空美丽无比，生活因此有了向前的光亮，生命也总摇曳着诗意的梦想。

共享阅读场景： 父母读给孩子的睡前故事；班级读书会；少儿阅读沙龙

1 《小王子》

作　者：（法）圣·埃克絮佩里 著，艾柯 译

出版社：天津教育出版社2007年8月出版

内容介绍：

小王子住在一颗遥远的小星球上，他很喜欢这个星球上唯一的一朵玫瑰，但他和这朵美丽而骄傲的玫瑰发生了感情上的纠葛，于是，带着渴望和追求，离开了自己的星球，离开了深爱的玫瑰。他到了许多星球造访，见到了充满控制欲的国王、自大狂、矛盾重重的酒鬼、唯利是图的商人、墨守成规的灯夫和教条主义的地理学家。最后，降临到地球。他结识了狐狸，与狐狸建立了友谊，也从狐狸那里学到了人生的真谛。小王子最终懂得了应该为自己的玫瑰负责，他决定回到自己的星球上去……

简评：

圣·埃克苏佩里，出生于法国里昂，是一位飞行员，一生喜欢冒险和自由。他的代表作《小王子》是享誉世界的童话经典，是圣·埃克苏佩里献给所有的孩子和"曾经是个孩子"

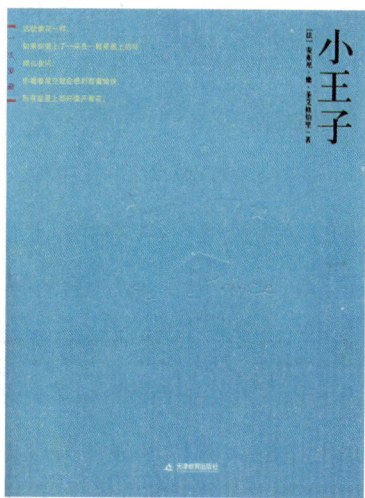

的大人的。作者在献辞里写道："献给莱昂·韦尔特　请孩子们原谅，我把这本书献给了一个大人。我愿把这本书献给长成了大人的从前那个孩子。所有的大人原先都是孩子（但他们中只有少数人记得这一点）。所以，我把我的献词改为：献给小男孩时的莱昂·韦尔特"。小王子的宇宙之旅寄寓了作者对人类"童年"的无限留恋以及对"童年"消逝的无限感慨。整部童话语言朴素而纯净，但却充满了智慧的光芒，爱和责任的阐述引人深思，令人感动。

阅读年龄建议：小学三年级以上

❷《快乐王子》

作　者：（英）王尔德 著，巴金 译

出版社：少年儿童出版社2005年7月出版

内容介绍：

奥斯卡·王尔德（1854—1900），19世纪英国唯美主义艺术运动的倡导者，著名作家、诗人、戏剧家。他一生只写了九个童话，每一篇都是美与善的统一，是世界儿童故事的经典之作。该书是唯美主义童话的代表，也是很多成年人儿时的枕边书。全书由九个故事组成，有乐善好施的快乐王子、用鲜血培育红玫瑰的小夜莺、把花园送给孩子的巨人……这部传世童话集犹如用戏剧语言编织的华丽明珠，字字珠玑，精妙绝伦。

简评：

"对贫苦人的同情和作品中表现出来的崇高灵魂"，"那富于音乐性的调子"，"十分丰富华丽的词藻"（巴金），使每一个童话故事都满含着一种极美而又忧伤的情调，贯穿着善与美的永恒主题。谢拉尔德在写《王尔德传》时说："在英文世界中，找不出任何童

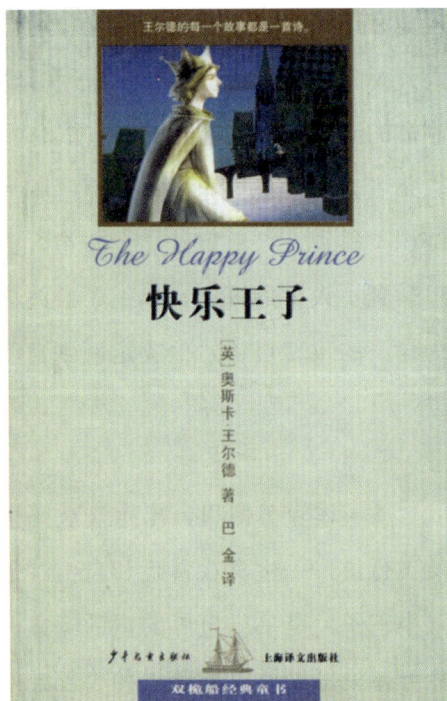

话能跟王尔德写的童话相比，他的文字非常巧妙，故事依着一种稀有的，丰富的想象发展，中间贯穿着微妙的哲学。 就是这样一种珍贵的力量，使得王尔德的童话在一百年后的今天读起来，依旧让人无限感动，备受启发。"

阅读年龄建议：小学一年级以上

③《绿野仙踪》

作　者：（美）鲍姆 著，张建平 译

出版社：少年儿童出版社2009年9月出版

内容介绍：

故事讲述的是小姑娘多萝茜被龙卷风吹到了一片陌生的国土——奥茨国。好女巫指点多萝茜到翡翠城去请求大魔法师奥茨帮助回家。一路上，她遇到一个想得到脑子的稻草人、想要心的铁皮人和需要胆量的狮子。大家历尽了千辛万苦来到翡翠城，战胜了东方恶女巫和西方恶女巫，但奥茨并不能帮助多萝茜回家。伙伴们互相帮助，克服了重重困难，在北方女巫和南方女巫的帮助下，终于实现了自己的愿望。

简评：

《绿野仙踪》是美国作家弗兰克·鲍姆的成名作，世界著名的童话经典，一个充满奇异情节、惊险、浪漫的魔法故事。红泥巴网站荐书评论中说该书"从头到尾，都是光怪陆离的幻想，令小读者们目不暇接。美丽的魔力四射的奥茨王国，就像一个巨大的主题童话公园，时时向我们发出诱人的邀请。"

阅读年龄建议：小学一年级以上

④《小飞侠彼得·潘》

作　者：（英）詹姆斯·巴里 著，费肖夫 图，任溶溶 译

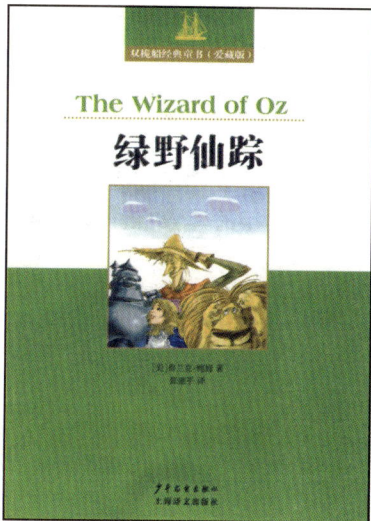

出版社：少年儿童出版社2006年10月出版

内容介绍：

一位永远不愿长大的男孩彼得·潘，一天夜里，飞进达林先生家，把达林先生的三个孩子带到"梦幻岛"。在那里，彼得·潘带领孩子们过着无忧无虑又冒险刺激的生活，他们见到各种有趣的人物和动物：有仙女、美人鱼、印第安红人、海盗、鳄鱼。一天，凶险恶毒的海盗头子铁钩船长抓走了几个孩子，他要把他们淹死。危急关头，小飞侠彼得·潘赶到海盗船，与铁钩船长展开了生死搏斗，逼迫他跳进了鳄鱼的嘴里。

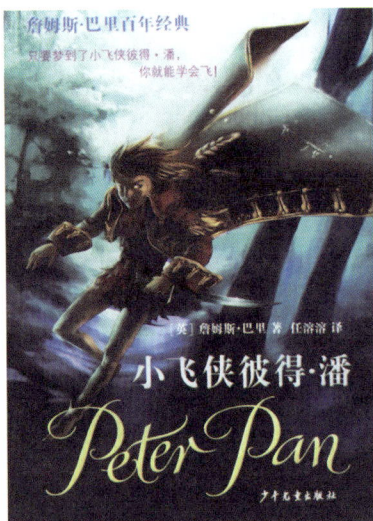

简评：

即使是不爱读书的男孩子，也无法拒绝这个小飞侠的故事。

阅读年龄建议： 小学一年级以上

5 《柳树间的风》

作　者：（英）肯尼思·格雷厄姆 著，任溶溶 译

出版社：少年儿童出版社2006年4月出版

内容介绍：

《柳树间的风》又名《柳林风声》，是一个妙趣横生的童话故事，描述了四个可爱的动物朋友之间的友谊和他们丰富多彩的冒险生活。春天，鼹鼠离开自己的家到河岸边与热情聪明的河鼠一起生活，结识了睿智忠厚的獾和天生爱冒险、追求时髦、喜欢吹牛的蛤蟆，他们共同经历着由季节的流转和大自然的变化而

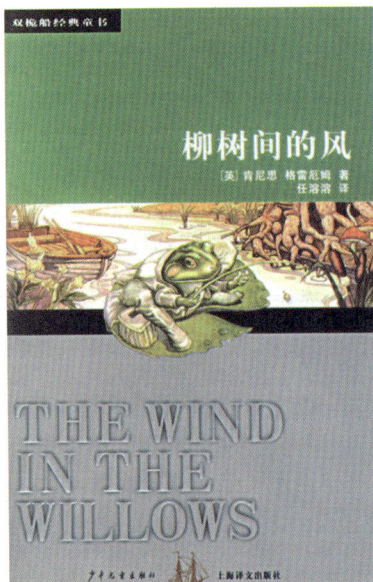

带来的不同的生活情趣，并由此建立起患难与共、互帮互爱的真挚友谊。

简评：

这部作品趣味盎然，充满想象力，作者把书中的四个主人公刻画得个性鲜明、活灵活现，它们身上虽有着各自的动物特性，但更多地体现了人的性格特征，表达了成人社会的行为和思想。在作者清新优雅、自由活泼、充满诗意的文笔下，蕴涵着大自然无限的生命活力。肯尼思·格雷厄姆在给美国总统罗斯福的回信中说："这是一本关于生活、阳光、流水、林边、尘土飞扬的公路、冬日篝火的书，它表达了生活里最简单事物中最简单的乐趣。"

阅读年龄建议：小学一年级以上

6 《青鸟》

作　者：（比）梅特林克 著，肖俊风 译

出版社：天津教育出版社2005年1月出版

获　奖：作者于1911年获诺贝尔文学奖

内容介绍：

《青鸟》讲述伐木工人家的两个孩子蒂蒂尔和米蒂尔为救邻居家的女孩，要去寻找象征幸福的青鸟。在光精灵的指引下，以及面包精灵、糖精灵、火精灵、水精灵、猫精灵和狗精灵的帮助下，历尽艰辛，在怀念国、夜宫、享乐宫、未来王国、墓地、森林，到处寻找却没有找到。当他们回到家中，发现青鸟就在自己家里。邻居家女孩的病治好了，青鸟却飞得无影无踪。但蒂蒂尔说，他知道青鸟藏在哪里。

简评：

发表于1908年的六幕梦幻剧《青鸟》是梅特林克戏剧的代表作，1911年在法国巴黎首演后，立即引起了轰动，后改编成童话故事。作者于1911年获诺贝尔文学奖，因为"他的著作具有丰富的想象和诗意的幻想"。这部童话充

满着天马行空的想象和强烈的象征意味，作家通过这个梦幻剧告诉人们幸福是什么，幸福在哪里，幸福其实就在我们心中。

阅读年龄建议：小学一年级以上

7 《尼尔斯骑鹅旅行记》

作　者：（瑞典）赛·格拉洛芙 著，高子英等 译

出版社：人民文学出版社1998年5月出版

获　奖：作者于1909年获诺贝尔文学奖

内容介绍：

尼尔斯是一个不爱学习、喜欢恶作剧的男孩。一次，他捉弄小精灵，却被小精灵施魔法变成一个小小人儿。他为了不让家里的一只雄鹅跟大雁飞走，紧紧抱住鹅脖子却被雄鹅带上高空，跟随大雁由南向北飞行，经历了一次波澜壮阔的奇妙冒险之旅……

简评：

这是一部融文艺性、知识性、科学性于一身的巨著。本书是作者受瑞典教育部之托而写，她决心要写"一本关于瑞典的、适合孩子们在学校阅读的书……一本富有教益、严肃认真和没有一句假话的书。"

阅读年龄建议：小学三年级以上

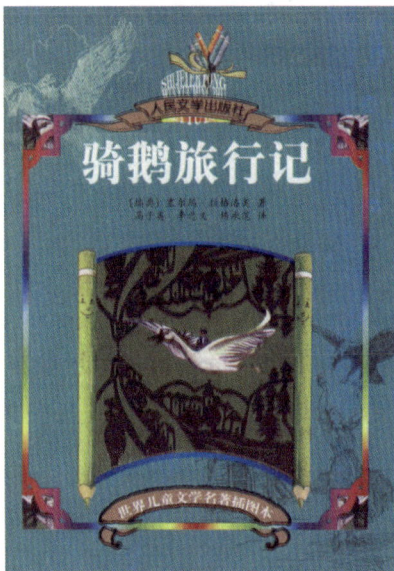

8 《夏洛的网》

作　者：（美）E·B·怀特 著，伽斯·威廉姆斯 图，任溶溶 译

出版社：上海译文出版社2004年4月出版

获　奖：1953年度美国儿童文学奖

内容介绍：

一头母猪生下几只小猪，其中一只很瘦小，爸爸准备结束这只小猪的生

命。弗恩阻止爸爸，说"这不公平"，小猪终于获救，由弗恩喂养它，取名叫威尔伯。威尔伯慢慢长大，被送到朱克曼家的谷仓与其他动物一起生活，孤独的威尔伯结识了可敬的蜘蛛夏洛，并建立了真挚的友情。一天，威尔伯得到一个可怕的消息，自己长大后会成为人类餐桌上的熏肉火腿。威尔伯吓坏了，夏洛挺身而出："我救你。"夏洛苦思冥想，终于想出了救威尔伯的办法……

简评：

作者E·B·怀特是美国最伟大的散文家和儿童文学作家。他一生写了三本深受大人和孩子喜爱的童话作品：《精灵鼠小弟》、《吹小号的天鹅》和《夏洛的网》。其中，《夏洛的网》最受推崇，《纽约时报书评》这样评价本书："这是一本关于友谊的书，更是一本关于爱和保护、冒险与奇迹、生命和死亡、信任与背叛、快乐与痛苦的书，它几乎是一本完美的、不可思议的杰作。"

阅读年龄建议：小学一年级以上

⑨《小鹿班比》

作　者：（奥地利）费利克斯·萨尔腾著，裴莹译

出版社：少年儿童出版社2006年4月出版

内容介绍：

这是一只鹿的成长故事。在森林深处，一只美丽的小鹿斑比诞生了。在妈妈的呵护下，斑比健康快乐地成长，他和小伙伴们一起嬉戏，和野兔、松鼠、猫头鹰等动物交朋友。他对一切都感到好奇，在神奇但又充满风险的大

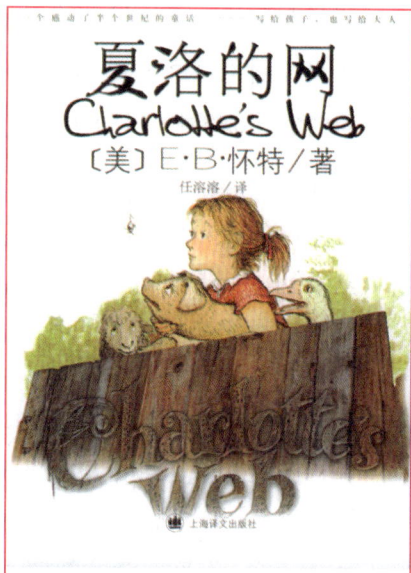

自然里学习生活。斑比发现貌似宁静的森林其实危机重重，亲人和朋友们不断丧生于可怕的枪声之下。斑比体味到了生活的艰险，在老鹿王那里学会了独自面对生活的磨难，带领大伙儿闯过难关。最后，成为新一代的森林王子。

简评：

《小鹿斑比》是一部优美、富于情趣的童话，通过对动物传神的刻画和对森林诗意的描写，讴歌了生命的可贵和处处有爱的寓意。作者在这部童话中寄寓了人类与动物和谐相处的希望，以及向往幸福、希冀和平的真切愿望。

⑩《时代广场的蟋蟀》

作　者：（美）乔治·塞尔登 著，（美）盖斯·威廉姆斯 图，傅湘雯 译

出版社：新蕾出版社2006年6月出版

获　奖：1961年纽伯瑞儿童文学奖银奖

内容介绍：

在康涅狄格州乡下的草场，蟋蟀柴斯特因为贪吃跳进了一个野餐篮，被带到纽约最繁华的时代广场的地铁站。柴斯特遇到了善良的亨利猫和精明的老鼠塔克，成为好朋友。在地铁站内帮父母卖报纸的玛利欧收留了柴斯特，并给予它无微不至的关爱。柴斯特生活得很惬意，但也给玛利欧一家带来了诸多麻烦。不过，柴斯特以它惊人的音乐天赋和美妙的音乐演奏吸引了整个纽约的人们，还使玛利欧家的报摊生意兴隆。秋天到了，柴斯特想念家乡，在朋友们的帮助下回到康涅狄格乡下。

简评：

这个关于蟋蟀、老鼠、猫之间友谊的故事成为描绘真诚、友爱、信任的经典童话杰作，美国《出版者周刊》曾给予它非常恰当的评价："一只蟋蟀、一只老鼠和一只猫咪之间的真挚友情足以温暖这个冰冷的世界。"《旧金山纪事

报》在推荐此书时认为，任何读过这本书的人，无论孩子还是成人，都会永远记得那只叫做柴斯特的蟋蟀，记住那嘹亮而韵律无穷的鸣叫。

阅读年龄建议：小学一年级以上

⑪《随风而来的玛丽阿姨》

作　者：（澳）帕·林·特拉芙斯 著，任溶溶 译

出版社：明天出版社2005年7月出版

内容介绍：

在一个秋天的傍晚，玛丽·波平斯阿姨乘着东风而来，受聘为班克斯家的家庭教师。玛丽·波平斯阿姨外表上与别的教师没有两样，可是她有超人的魔法力，自从来到班克斯家，简和迈克姐弟俩就经历了一系列神奇的事情，例如，玛丽阿姨从空空的手提袋里可以取出肥皂、牙刷、香水、折椅等无数东西，用一个奇妙的指南针带着两个孩子在瞬间周游世界……

简评：

《随风而来的玛丽阿姨》发表于1934年，是六本以玛丽·波平斯阿姨为主角的童话中的第一本。这部童话以丰富的想象力塑造了玛丽阿姨这个超人形象，她神通广大，外表严肃，心地善良，能为孩子们创造即使在梦中也难以见到的奇迹，把一个斑斓的童话世界展现在班克斯家的孩子们面前，也带到每一位小读者面前。

阅读年龄建议：小学一年级以上

⑫《永远讲不完的故事》

作　者：（德）米切尔·恩德 著，李士勋 译

出版社：二十一世纪出版社2009年3月出版

内容介绍：

巴斯蒂安是一个胖胖的、有点笨拙的男孩，他在上学路上意外地发现一本书《永远讲不完的故事》，于是在书店里偷了出来，躲在学校的阁楼上阅读。这本讲述幻想国的书有着不可抗拒的魔力，深深地吸引着巴斯蒂安，幻想国正被虚无侵蚀，天真女皇生命垂危，等待着一个来自人间的小孩为她起一个新的名字，她和幻想王国才能获救。于是，巴斯蒂安走进故事里，拯救了女皇和幻想国，并在那里经历了一系列险象环生的旅行，在朋友的帮助下，方得以回到人间。

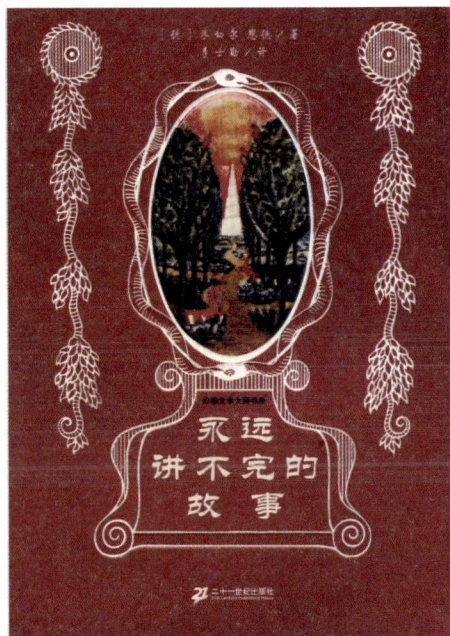

简评：

在这部作品中，大故事中套着小故事，环环相扣，幻想世界的故事和现实世界的故事交织在一起，情节曲折，想象丰富。米切尔·恩德在故事中传达了非常深刻的哲理思想，人类如果失去了天真和梦想，幻想王国就会毁灭，美好的东西就会从心中消失。

阅读年龄建议：小学三年级以上

⑬《查理和巧克力工厂》

作　者：（英）罗尔德·达尔 著，任溶溶 译

出版社：明天出版社2009年3月出版

获　奖：英国儿童文学"白面包奖"

内容介绍：

查理是一位穷人家的孩子，他生活在一个小镇上，这里有一个全世界最大的巧克力工厂，工厂常年大门紧闭，没看见有人进出，只看见一车一车的巧克

力从工厂里运送出来，人们以神秘的语气谈论着它。一天，工厂的主人威利·旺卡先生发出告示，他将邀请五位幸运的孩子进入工厂参观，条件是得到包在巧克力里的金奖券。查理幸运地得到奖券，他与爷爷以及其他四个孩子一起跟随威利·旺卡先生参观工厂。这是一次奇特的经历，做梦也想不到的景象、惊险百出的事情一桩接着一桩，让人惊叹、惊喜、迷狂，还有一件更不可思议的事情等待着查理……

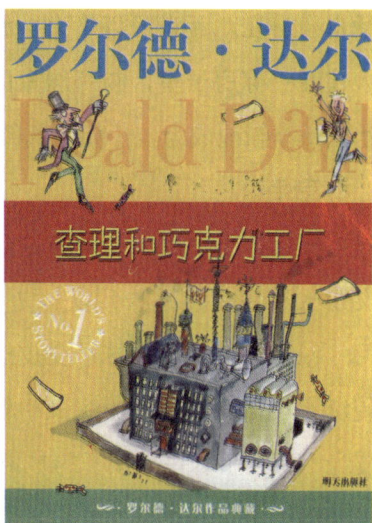

简评：

罗尔德·达尔是一位带有传奇色彩的儿童文学大师，一生创作童话18部，部部充满迷人的魅力，其魔力超越了语言和国界，迷倒了全世界的孩子。《查理与巧克力工厂》以构思巧妙奇特、想象力丰富、叙事夸张荒诞、笔触机智幽默、情节引人入胜等特点成为罗尔德·达尔最受小朋友欢迎的书。

阅读年龄建议：小学一年级以上

14 《长袜子皮皮》

作　　者：（瑞典）阿斯特丽德·林格伦著，李之义 译

出版社：中国少年儿童出版社2009年10月出版

内容介绍：

长袜子皮皮是一个与众不同的姑娘。她的头发像胡萝卜一样，梳着硬邦邦的小辫子，鼻子长得像个小土豆，上边布满雀斑，穿的长袜子一只棕色，另一只黑色，鞋比她的脚大一倍。她有超人的力气，可以举起一匹马，她生

活自由自在，无人可以管束。她爸爸是位船长，后来遇到风暴失踪了，她一个人住在一栋房子里，与邻居家的汤姆和安妮卡成为好朋友，常在一起玩。这位小姑娘渐渐地成为孩子们的偶像……

简评：

《长袜子皮皮》是林格伦最受欢迎的一部童话，她为此获得了国际安徒生文学大奖。皮皮是非现实世界中的小姑娘，然而她又是真实的。瑞典首相约朗·佩尔松说："长袜子皮皮这个人物形象在某种程度上把儿童和儿童文学从传统、迷信权威和道德主义中解放出来……皮皮变成了自由人类的象征。"皮皮身上寄托了每一个孩子的梦想。

⑮ 《乌丢丢的奇遇》

作　者：金波 著

出版社：江苏少年儿童出版社2007年1月出版

获　奖：第六届全国优秀儿童文学奖

内容介绍：

《乌丢丢的奇遇》是一个优美的童话故事。乌丢丢是布袋爷爷制作的小木偶独脚大侠，它丢失了它的木偶身体，只剩下左脚，是珍儿拾获了它。后来，它出走了，遇到老诗人吟痴先生，于是，它与吟痴结伴寻找布袋爷爷和珍儿。一路上，碰到许多奇遇，他们都在寻找什么。吟痴在寻找童心，蝴蝶在寻找友谊，种鸡蛋花的芸儿在寻找理解和梦想，雕塑师在寻找完美和理想，而乌丢丢在寻找爱。最后，它找到了爱，拥有了身躯，并用爱回报了生命。

简评：

《乌丢丢的奇遇》是一个关于生命和爱的童话，也是一首哲理诗。

阅读年龄建议：小学一年级以上

16 《月光下的肚肚狼》

作　者：冰波 著

出版社：新蕾出版社2008年3月出版

获　奖：全国"五个一工程"奖、国家图书奖、全国优秀儿童文学奖、宋庆龄儿童文学奖、冰心儿童图书新作奖等奖项

内容介绍：

肚肚狼是一只以乞丐为职业的狼，但它不是普通的乞丐，一来它心地善良，二来它能在月圆之夜化身为王子，唱出婉转动听的歌曲。只要肚肚狼变成王子的时间持续24小时，它就能变成一位真正的王子。开始时，它只能持续几分钟，为了实现这一美好愿望，它与它的朋友仓鼠玉碎先生想了许多办法，也没有奏效。最后，它用优美的歌声为病人治愈疾病而实现了愿望。

简评：

儿童阅读推广人阿甲认为，冰波在这部作品中，除了保持一贯的优美抒情的风格，还展现了特具的幽默趣味和高超的讲故事的技巧。它不是一个特别惊人的故事，也没有讲什么特别深奥的道理，但是故事的发展丝丝入扣，将读者不知不觉地引入一个优雅的幻想世界，随着情节的深入，我们渐渐感受到那种久违的人与人之间的温情，不禁感动、升华。

阅读年龄建议： 小学一年级以上

17 《鼹鼠的月亮河》

作　者：王一梅 著

出版社：新蕾出版社2009年3月出版

获　奖：第六届全国优秀儿童文学奖

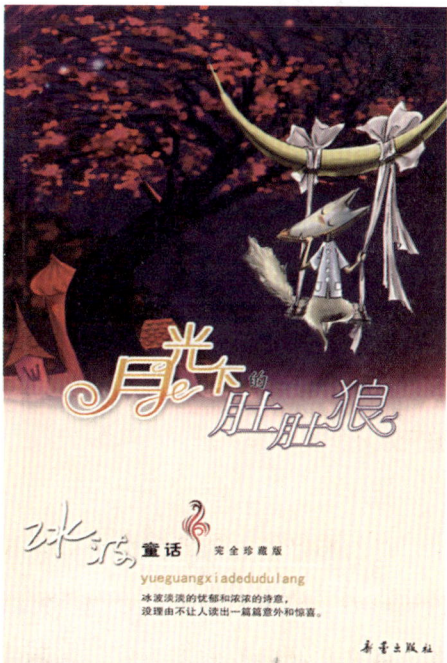

内容介绍：

鼹鼠米加一家住在美丽的月亮河畔，以挖掘为生。米加选择了一条与众不同的人生道路，为了实现为好朋友尼里发明洗衣机的梦想，他怀揣一块月亮石离开家乡。在陌生的城市里，他遇到魔法师咕哩咕，并跟随魔法师学习魔法。在一次表演中，咕哩咕意外地把米加变成了一只乌鸦……

简评：

奇幻和抒情、诗意融为一体，风格轻快自如，故事温婉清新，节奏舒缓流畅，散文化倾向的叙事方式与精巧别致的布局结构，奇妙地统一在一起，从而产生出一种独特的美学韵味。

阅读年龄建议：小学一年级以上

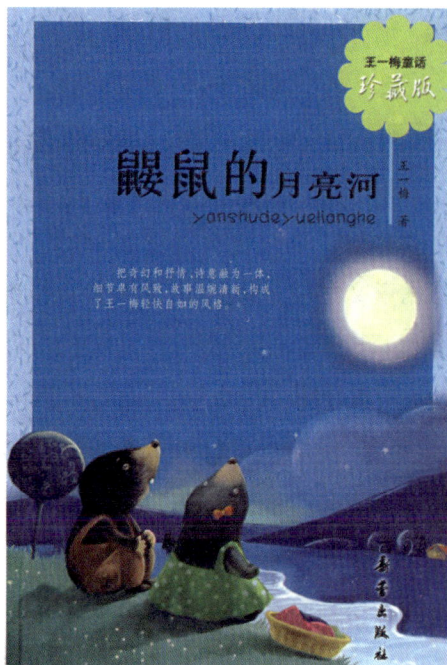

小贴士 共享阅读讨论话题设计举例

《小王子》

1. 小王子为什么要离开他自己居住的星球？

2. 小王子去了哪些星球？遇到了哪些人？他们在做什么？你觉得日常生活中，有哪些人与小王子遇到的星球上的人相像，并说明原因。

3. 书中的蛇、三枚花瓣的沙漠花、玫瑰园、扳道工、商贩、狐狸等象征了什么意义？

4. 文中的"驯养"究竟是什么意思？与现实生活中的驯养有什么区别呢？

5. 狐狸告诉小王子说，驯养需要做什么事情？

6. 结合文本解释什么叫做仪式？

7. 小王子为什么选择回到玫瑰的身边，对此你有什么看法？

8. "世界上很多东西只有用心才能看清楚，本质的东西，用眼睛是看不见的。"你如何理解这句话？狐狸所说的本质是什么？

9. 小王子在书中象征了什么？

▲共享阅读   林子绘

《柳树间的风》

1. 故事一开始，鼹鼠从地下出来，嗅到了春天的气息，令他兴奋异常。请说说鼹鼠对春的感受是怎样的？你对春的气息又是怎样捕捉的？

2. 河鼠和鼹鼠是如何相处的？你能从他们之间找到朋友的相处之道吗？

3. 蛤蟆有怎样的表现？你对蛤蟆追逐新潮时尚的举动如何评价？你会学他一样吗？你愿意有像蛤蟆这样的朋友吗？为什么？

4. 河鼠、鼹鼠、獾对家的感受各是怎样的？你认为家是什么呢？

5. 本童话中，小动物都是现实世界中孩子的缩影，在这四个小动物中，你有没有找到自己的影子，你从它们身上学到了什么？

6. 这篇童话中，自然与生命和谐相融，它是如何展现大自然四季景象的？这些给动物们带来什么样的生活情趣？

7. 这本书最打动你的是什么？

《夏洛的网》

1. 书的开头，小女孩弗恩提出了一个问题：一头特别瘦小的猪，它的生命就真的没有价值吗？你如何看待这个问题？

2. 在生活中我们是否都愿意做一个弗恩，关爱一切有生命的东西？

3. 从你的角度，说说夏洛喜欢小猪威尔伯的原因。

4. 夏洛到底是一只怎样的蜘蛛，让威尔伯永远都忘不了？

5. 威尔伯真的是一只王牌猪吗？它真的很光彩照人和很杰出吗？你觉得威尔伯为什么会有这么大的变化呢？

6. 在威尔伯遇到危险时，还有谁帮助过它？很多人帮助过它，为什么它只认为夏洛才是好朋友？

7. 蜘蛛夏洛认为"谁都知道人活着该做一点有意义的事情。"你是如何认识生命的价值的？

8. "一个蜘蛛和小猪的故事，写给孩子，也写给大人。" 这是写在《夏洛的网》封面上的一段话。如何理解这句话的意义？

《乌丢丢的奇遇》

1. 乌丢丢被布袋爷爷弄丢后，开始了自己的寻找之旅。在这次旅途中，他遇到了哪些人物？你最喜欢哪一个？描述一下。用我们的语言给他们画个像。

2. 乌丢丢在寻找途中，遇到了许多令人感动的人和事，乌丢丢又做出了许多感动人的事。哪一个情节最感动你呢?为什么？

3. 乌丢丢一路上在寻找什么？它是怎么获得爱而成为有感情有思想的人？

4. 蝴蝶为什么要逆风而行？逆风而行的蝴蝶身上具有怎样的可贵品质？你体会到什么？

5. "别人的记忆是你给的，是你用行动写在他心上的。"你怎样理解这句话？

6. 从芸儿种鸡蛋的故事中，你像吟老先生一样读到了理解和梦想吗？

7. 蘑菇人因为什么而获得了重生，并拥有了"心"？从这个故事中你感悟到了什么？

8. 作品中的人物似乎都有着生理上的和心理上的某种缺陷，作者想借此表现什么？

9. 乌丢丢是如何用爱去回报给它爱的所有的人？

3.4 爱与成长之路：小说

麦丽明

阅读提示： 本部分精选29部小说，分为两类。一类是深受人们喜爱的儿童小说，适合小学生和初中生阅读；另一类是适高中生和成年人阅读的非儿童文学类小说，也就是说，这类小说并非专门为儿童写作的，如海明威著的《老人与海》、罗曼·罗兰著的《约翰·克利斯朵夫》等等。

共享阅读场景： 家庭读书会；班级读书会；阅读沙龙；网络共享阅读平台交流

① 《爱的教育》

作　者：（意大利）德·亚米契斯 著，王干卿 译

出版社：天津教育出版社2009年1月出版

内容介绍：

《爱的教育》是作者于1886年写成的一部儿童小说。它以一个小学生安利柯写日记的形式，详细讲述了他小学四年级一个学年中无数个发生在学校、家庭和社会上的感人故事，这些故事叙说着真挚的父母之爱、师生之情、同学之谊，抒发了爱祖国、爱家乡、爱社会的动人感情，字里行间充满了人性的纯真与善良，洋溢着人类伟大的"爱"的情感。

简评：

教育家陶行知先生曾说："爱是一种伟大的力量，没有爱就没有教育"。《爱的教育》以朴实的语言、浓烈的感情

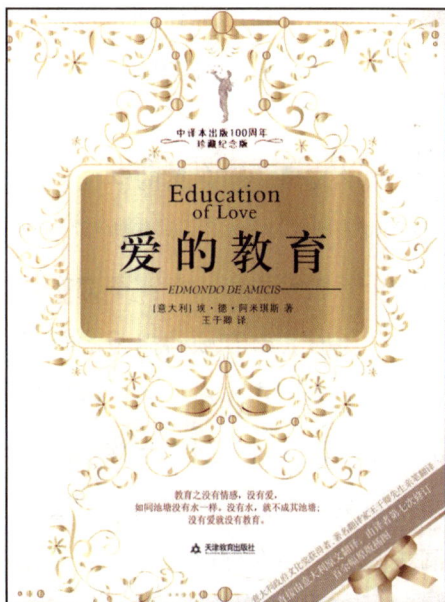

诉说崇高博大的"爱"这一最伟大的人类精神，使教育在爱中升华。真诚的教育是一种纯真的人性之爱的教育，人性之爱贯穿在日常的、平凡的生活中，体现在对弱小、对周遭的事物的关怀中，爱里有宽容，有理解，有尊重。《爱的教育》一书也表露了"爱"是存在于、践行于从家庭、学校到整个社会的，所有这些都在营造一种良好的教育环境，潜移默化地影响和培养儿童以"爱"的眼光看待一切，使自身具有"爱"的伟大力量。

阅读年龄建议：小学二年级以上

② 《窗边的小豆豆》

作　者：（日）黑柳彻子 著，赵玉皎 译

出版社：南海出版公司2003年1月出版

内容介绍：

《窗边的小豆豆》是日本作家黑柳彻子根据自己童年的校园生活写成的。刚上一年级的小豆豆因为"不规矩"、"奇怪"的行为被学校退学了，妈妈把她送到"巴学园"。巴学园是一个崇尚自然教育的学校，是充满爱心和幻想的地方，小豆豆在这里得到最理想的教育，逐渐变成一个被大家接受的可爱孩子，并奠定了她一生的基础。

简评：

巴学园是一间自然的学校，它接纳自然的天性、纯粹的天真快乐，提供自然的个性教育。每一个孩子都有异想天开的童年时光，有顽劣捣蛋的行径，有被成人视为"不规矩"、"奇怪"的行为，小林校长认识到这是孩子的天性，是不应被束缚甚至被抹杀的品质。巴学园正是这样一个可以让童年的天性不受压抑、自然地释放的地方，它理解并爱护孩子的天性顺应自然地发展。每个孩

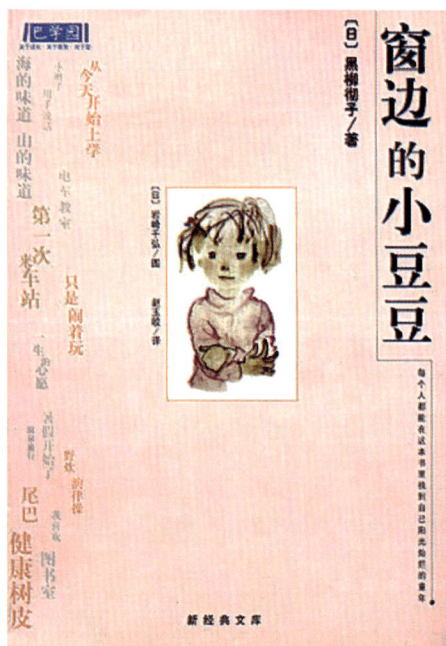

子心里都期望有一个巴学园，正如书的封面上所写的一句话："每个人都能在这本书里找到自己阳光灿烂的童年。" 它给现代教育界提供了一个理想的范例，那就是以孩子为中心的个性化教育方式。

阅读年龄建议：小学一年级以上

③ 《秘密花园》

作　者：（美）弗·霍·伯内特 著，李文俊 译

出版社：译林出版社2009年1月出版

内容介绍：

由于一场突如其来的霍乱，任性而孤僻的玛丽变成了孤儿，被送到英国姑父家的米塞斯维特庄园生活。这个庄园充满神秘气氛，上百间房子、一个十年都不让人进去的花园一直上着锁。在知更鸟的指引下，玛丽找到了花园的钥匙和隐藏的大门。能与各种动物打交道的男孩迪康，帮助玛丽在荒芜的花园里种上花草。春天来临了，花园变得生机勃勃，玛丽的心灵也复苏了。玛丽的表哥科林体弱多病，长期卧病在床，性情乖戾。在玛丽和迪康的帮助下，科林来到秘密花园，感受到自然的生气和阳光的温煦，恢复了健康，学会了奔跑，获得了快乐。他们称这一切都来自大自然的魔法力量。

简评：

美国《时代周刊》称："这是一个关于大自然的魔法和人类美好心灵的故事。"作者用极为优美传神的语言，婉转曲折的情节写出了一个关于"内心秘密成长"的故事，那个美丽的"秘密花园"是心灵成长获得魔法力量的源泉。伯内特对"成长"中的那种内心获得的力量非常敬畏，这种来自内心的力量可

以改变现实，可以改变一个人的生活和人生方向，《秘密花园》充满了对这种力量的赞美和由这种力量带来的生命激情。

阅读年龄建议：小学三年级以上

❹ 《特别的女生萨哈拉——一个孩子的特别成长经历》

作　者：（美）爱斯米·科德尔 著，海绵 译

出版社：陕西师范大学出版社2005年8月出版

获　奖：2004年国际阅读协会儿童图书奖

内容介绍：

萨哈拉不是沙漠，而是一个五年级小女生。萨哈拉非常想念爸爸，常给爸爸写信，因为爸爸离开了家庭，可是这些信被校长收到记录袋了，并被界定为需要"特别的帮助"的"特别女生"，原因是她不写作业，不开口读书，不学习。实际上，萨哈拉非常热爱阅读与写作，她甚至写了一本书，但没有人能理解她。一天，波迪小姐成了她的新老师，这个与众不同的老师渐渐地打开了她沉寂的心窗，使她的生活有了神奇的改变。

简评：

有些人是有一种魔力的，会让你不由自主地亲近他、敬爱他，向他打开心扉。波迪老师就是这样的人。她有什么魔力？她是有一些与其他老师不同的特点，比如，她把教室变成了"家"，她给学生买日记本，需要他们还两块钱，她会拿一个大篮子，让学生把所有烦恼都丢进去……她不仅有这些，她还有对学生的耐心、理解、宽容和信任，比如，萨哈拉第一次写日记只写下"我是作家"四个字交上去，波迪老师竟批着"我相信"，之后萨哈拉许多天没在日记

本上写一个字，波迪老师只批复"作家需要写作"。还有呢，波迪老师说爱学生是一笔额外奖赏，她打心眼里乐于工作、爱别人，这额外的奖赏令她觉得很幸福。她就这样用爱走进学生的心灵，这就是波迪老师的"魔力"。

阅读年龄建议：小学三年级以上

⑤《绿山墙的安妮》

作　者：（加）露西·蒙哥马利 著，任珊珊 译

出版社：华文出版社2005年9月出版

内容介绍：

纯真善良、热爱生活的安妮自幼失去父母，在她十一岁时，阴差阳错地被生活在绿山墙的马修和玛莉娜兄妹俩收养。然而，感情充沛、酷爱想象的安妮给绿山墙带来了生机和活力。她豁达乐观、刻苦勤奋、自尊自强，不但得到领养人的喜爱，也赢得老师的敬重和同学的友谊，渐渐成长为绿山墙里的小主人。

简评：

《绿山墙的安妮》是一首优美的田园诗，更是一曲展示人性真、善、美的颂歌。著名的美国作家马克·吐温高度评价这部小说，称"安妮是继不朽的爱丽丝之后最令人感动和喜爱的形象"。著名作家周国平对安妮的评价是："在安妮身上，最令人喜爱的是那种富有灵气的生命活力。她的生命力如此健康蓬勃，到处绽开爱和梦想的花朵，几乎到了奢侈的地步。安妮拥有两种极其宝贵的财富，一是对生活的惊奇感，二是充满乐观精神的想象力。我们不但喜爱安妮，而且被她深深感动，因为她那样善良。不过，她的善良不是来自某种道德命令，而是源自天性的纯净。安妮的善

良实际上是一种感恩，是因为拥有生命、享受生命而产生的对生命的感激之情。怀着这种感激之情，她就善待一切帮助过她乃至伤害过她的人，也善待大自然中的一草一木。和怜悯、仁慈、修养相比，这种善良是一种更为本真的善良，而且也是更加令自己和别人愉快的。"

阅读年龄建议：小学三年级以上

⑥《星星女孩》

作　者：（美）查瑞·史宾尼利 著，蔡楠 译

出版社：中国城市出版社2010年5月出版

内容介绍：

"你看见'星星女孩'了吗？"星星女孩来到了米嘉中学，为这个学校带来了活力和精彩。星星女孩是个特别的女孩，她穿不合潮流的米色长裙，背着一把尤克里里琴，为每一个过生日的同学唱祝福歌，为每一个有特别愿望的人送上秘密礼物，能用15分钟猜出一个陌生人的需要，毫无端倪地发笑，旁若无人地跳舞，为每一支球队欢呼喝彩……大家深深地喜欢上她的率真、热情和善良，而她的与众不同、特立独行又不被理解，招来排斥，被无辜地孤立。她像一阵风轻轻地吹来，又吹走了。

简评：

《纽约时报》称："作者为'个人独特性'之重要性与珍贵创造了一个充满诗意的寓言故事。"作者赋予星星女孩一种纯真的、遗世独立的天性，追寻真实自我的实现，是一个活出真我风采的典范。星星女孩这种纯粹的天性，来源于与自然融为一体的天地之心，因此她是一个绝对真善美的化身。但是，这

样一种纯粹、自然、不受任何世俗污染的天性难以生存于我们这个心机重重的俗世上，所以星星女孩最后只好黯然离去。然而，星星女孩其实就存在于人们心中，她唤醒每一个失落的自我回归纯真美好的天性。

阅读年龄建议：初中一年级以上

⑦ 《看不见的小人》

作　者：（德）克劳斯—彼得·沃尔夫 著，（德）安梅丽·格林克 图

出版社：浙江文艺出版社2008年9月出版

内容介绍：

你看见过"看不见的小人"吗？他就藏在我们的身边。是的，他在严斯—彼得的生活里出现了，只闻其声，不见其人。这个"看不见的小人"本事可大啦，他总是帮严斯—彼得出很多主意，当然，这些主意常常令严斯—彼得置于尴尬的境地，但也有帮他做好事的时候。严斯—彼得非常烦恼，命令"看不见的小人"滚开，可每次又不由自主地听从他的怂恿，做出来的事越来越出格了……

简评：

儿童文学作家梅子涵在序言中有一段话是本书最好的解读："童年不会一直很乖。它的里面会有自己的方向和力量，会有那一个年轮里的乐趣和向往，他是一个看不见的小人。就在你要按照导读里的指明、按照违背了就要受罚的规矩去举起手来、抬起脚来，预备，开始的时候，也开始了他的违背，他的捣蛋，童年天真、奇想连连、顽劣讨嫌，可是毕竟丰富和精彩的景象就这样被写成了故事。也就是最真切的故事最真切的生命了。"

阅读年龄建议：小学一年级以上

8 《男孩彭罗德的烦恼》

作　者：（美）布思·塔金顿 著，马爱新 译

出版社：人民文学出版社2000年5月出版

内容介绍：

小说讲述美国男孩彭罗德非同寻常的12岁，这一年他荣获"全城最糟糕男生"的称号，恶作剧的演出达到最高峰。彭罗德所做的这些事情总是惹得老师、家长头疼恼怒，邻居讨厌，但他不明白孩子心中的好玩事儿在大人眼里怎么会成为一桩桩罪过，也不明白大人们为何总让他做那些乏味无聊的事情。彭罗德因此而困惑，而烦恼。

简评：

小说成功地塑造了一个顽皮的男孩彭罗德的形象。他不能规规矩矩，他总爱惹麻烦，他天性活泼好动，他有丰富的想象，他有充沛的精力，他爱好写小说，他也有他的困惑和烦恼，他让老师、家长特别头疼。在他创造出来的一连串恶作剧中，表面上看违背了成人世界的意志，但事实上是在世界观、人生观、价值观形成之初，彭罗德对自我定位的一种找寻。小说通过彭罗德的烦恼探讨12岁这个特殊年龄段的成长问题。

阅读年龄建议：小学三年级以上

9 《亲爱的汉修先生》

作　者：（美）克莱瑞 著，柯倩华 译

出版社：新蕾出版社2008年3月出版

获　奖：1984年纽伯瑞儿童文学奖金奖

内容介绍：

鲍雷伊是一位普普通通的小学六年级学生，他的父母离异，家庭境况不好，在学校处境也不妙。从小学二年级开始，鲍雷伊就与一位他喜爱的作家汉修先生往来书信。到了六年级，他更频繁地写信给汉修先生。在信中，鲍雷伊诉说了自己孤独苦闷的心情，对父母离异从不理解到理解的心理转变过程，和他的学习生活所发生的点点滴滴以及想当作家的愿望。在这个倾诉的过程中，鲍雷伊学会了观察和体验生活，学会了自我发现，学会了关爱他人，他成长了。

简评：

贝芙莉·克莱瑞是美国二十世纪最著名的儿童文学作家之一。这本书结构新颖独特，语言天真富有生活气息，以一个孩子的口吻通过书信和日记的形式，呈现了一个男孩的内心世界和成长历程。汉修先生的信只在鲍雷伊的信中流露中来，他对鲍雷伊影响甚大，不仅是对写作的指导，更重要的是引导鲍雷伊健康成长，可以说，汉修是一位杰出的教育家。

阅读年龄建议：小学三年级以上

⑩ 《少年小树之歌》

作　者：（美）佛瑞斯特·卡特 著，姚宏昌 译

出版社：浙江文艺出版社2005年7月出版

内容介绍：

一位带有印第安血统的5岁小男孩小树，失去了父母，跟随爷爷奶奶在查拉几山区生活。有一半查拉几血统的爷爷有着淳朴的山野性格，通晓山中万物的语言，他教小树学习如何打猎、生存，如何观察万事万物，学习大自然的法则，与万物生灵和谐相处，奶奶则教他学习写字算术、阅读、唱查拉几族世代

相传的民歌，教他把美好的事物分享给所遇见的人。山中有趣的生活、相互友爱的关系和美妙的大自然给了小树健康美丽的心灵，小树慢慢地成为一个勇敢、自信、自立自强的印第安人。

简评：

《少年小树之歌》字里行间充满了诗意的生活情调，散布着大自然的浪漫气息，洋溢着浓浓的亲情友爱，5岁的男孩以纯真的眼光、纯洁的心灵，揭示出一幅人与万物和谐共处的原始、朴素的生活画卷。作家何周在《人类的梦乡》一文中评价该书说"在这样一个世界里，没有绝对的仇恨，也没有绝对的爱，有的只是接纳、容忍和博爱。"

阅读年龄建议：小学三年级以上

11 《草房子》

作　者：曹文轩 著

出版社：江苏少年儿童出版社2007年8月出版

获　奖：第四届国家图书奖、第九届冰心文学奖大奖、台湾"好书大家读"最佳少年儿童读物奖、第四届全国优秀儿童文学奖、第五届宋庆龄儿童文学奖金奖、第七届中宣部"五个一工程"奖

内容介绍：

《草房子》塑造了一系列感人的人物形象，这些人物用他们的人生体验谱写了一曲爱的颂歌。作品以桑桑为主角贯穿起书中几乎各

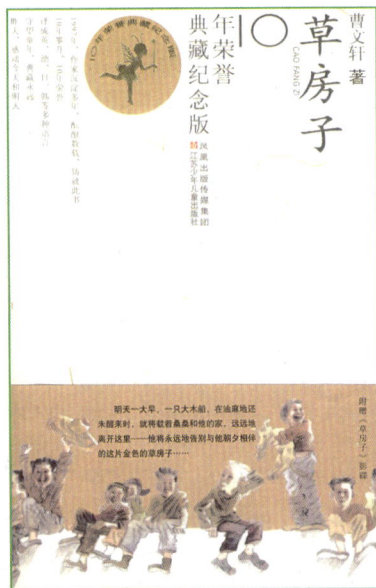

自独立的十来个篇章，描写桑桑在油麻地小学经历的终身难忘、纯真美好的小学六年生活。

简评：

《草房子》是一部充满纯真和美好的小说。作者曹文轩说："美的力量绝不亚于思想的力量。一个再深刻的思想都可能变成常识，只有一个东西是永远不变的，那就是美。"《草房子》就是这样一个美好的所在，处处体现出美的特征。美的语言，美的意境，美的情感，美的心灵，美的人性，美的童年，美的生命。不管那一页、那一句，展现的都是清新优美的景致，纯朴可爱的面容，让我们看到那些满怀童真、毫无杂质、纯净美好的少年时代，纯真优雅的内心世界，溢满爱心的人性光彩。

阅读年龄建议：小学三年级以上

⑫《男生贾里全传》

作　者：秦文君 著

出版社：少年儿童出版社2009年9月出版

获　奖：第三届全国优秀儿童文学奖、第七届中宣部"五个一工程"奖、宋庆龄儿童文学奖等多个奖项

内容介绍：

小说以独特的视角反映了当代中学生的生活和精神风貌。小说文笔生动，语言幽默谐谑，人物形象鲜明，情节引人入胜，通过学校、家庭生活的各个侧面，写出了以男生贾里为代表的中学生成长过程中的真实生动的感受和所遭遇的问题，也写出了这一代人的心理性格特征。

简评：

作品构思巧妙，以一个个妙趣横生的故

美绘版

男生贾里全传

秦文君 著

少年儿童出版社

事串连起整部作品，勾勒出一幅幅中学生丰富多彩的生活画面。正文采用第三人称的方式，便于叙说故事，刻画人物个性，又以摘录日记的形式，让主角人物直接面对读者诉说心声，加强了作品的感染力。

阅读年龄建议：小学三年级以上

⑬《橡树上的逃亡》

作　者：（法）丰拜勒 著，刘英华 译

出版社：新蕾出版社2007年9月出版

获　奖：法国国家文学奖

内容介绍：

托比的民族生活在大橡树上。托比身高只有1.5毫米，他被全族人追捕，正在逃亡，虽然伤痕累累，饥渴交迫，几度陷入绝境，但他勇敢顽强，从不退缩，他心里只有一个信念，活下去，救出父母，拯救橡树。他的父亲为了保护橡树的生存环境，拒绝公开能源发明的技术秘密，结果全家遭到流放，后又被捕入狱，只有托比一个人逃脱出来……

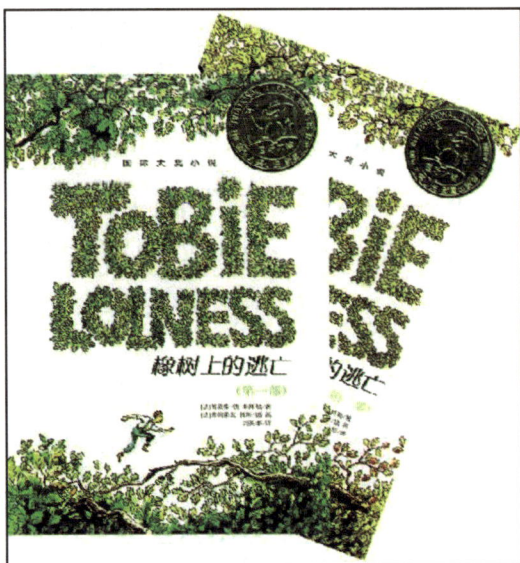

简评：

这是一部历险小说，也是一篇保护生态环境的宣言。它简单又充满神秘，故事多处起死回生、扣人心弦。

阅读年龄建议：小学三年级以上

⑭《天蓝色的彼岸》

作　者：（英）艾利克斯·希尔 著，张雪松 译

出版社：新世界出版社2004年10月出版

内容介绍：

小男孩哈里因车祸去了另一个世界，他正等着前往"天蓝色的彼岸"，但必须完成尘世未了的心愿，才能够无牵无挂地抵达彼岸。哈里非常后悔在出车祸前对姐姐说的"我们走着瞧！我这次可算是恨上你了！我再也不会回来了！"他多希望跟姐姐道歉，向爸爸妈妈和关心他的朋友说再见。在阿瑟的帮助下，他化作幽灵重返回人间，见到他的同学、老师、父母和姐姐，向他们表示歉意和深深的爱意，并由此发现了生命的真相，了无牵挂地融入"天蓝色的彼岸"。

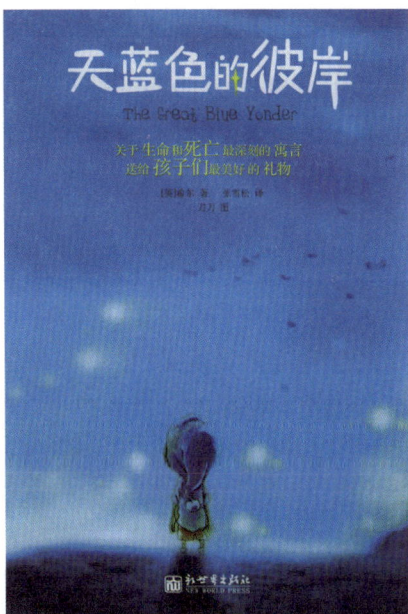

简评：

《天蓝色的彼岸》以一个在天堂的小男孩的角度探讨生命和死亡的深刻命题，审视我们的生活方式和人生意义。著名作家周国平评价该书"用童话解说死，生动地描绘了死后灵魂从了断尘缘到走向新的生命轮回的过程。它告诉我们：死不是绝对的终结和虚无。它教导我们：要珍惜生，但不必畏惧死。"

阅读年龄建议： 小学三年级以上

⑮《安妮日记》

作　　者：（德）安妮·弗兰克 著，高年生 译

出版社：人民文学出版社2009年2月出版

内容介绍：

二战期间，聪明活泼的犹太少女安妮为了逃避纳粹的逮捕、监禁和屠杀，随家人躲进父亲公司大楼的几间密室里。日记是安妮藏身密室两年的生活和情感记录。安妮在日记里吐露了做一名作家的愿望，记录下在逆境中仍勤奋学习、追求理想的精神，也表达了她与父母、周遭人群的看法和冲突，她对爱情的渴望，她勇于剖析自己、不断进行的自我反省等。书中描绘了种族歧视和战

争迫害下充满阴郁、恐怖的社会大环
境，以及对自由、和平和安宁的呼唤。

简评：

《守望者》杂志对本书的评价是
"在描述中展示出作者对人际关系匪夷
所思的洞察力，以及异乎寻常的文学才
华。"

英国儿童文学作家、儿童阅读专
家、2002年安徒生文学奖得主艾登·钱
伯斯说："在我看来，它（《安妮日
记》）是少年儿童写出的最伟大的作
品。它以纯真的清晰笔调，准确地表现
出少年时期的孩子们的所想、所感、所
能理解和所能写出的是什么。这就是说，作品本身大大超越了大多数成年人对
它的评价。对任何以儿童代言人身份写作的成年作家来说，《安妮日记》都是
一个估价我们作品的标准。"

阅读年龄建议：小学四年级以上

16 《西顿动物小说》

作　者：（加）欧内斯特·汤普森·西顿 著，张煜 译

出版社：人民文学出版社2008年2月出版

内容介绍：

西顿是一位为动物著书立传的作家，他的40余篇动物小说是根据自己在群
山草原的经历写成的，风靡世界一百多年。西顿动物故事里的主角都是根据真
实的动物塑造的，每个细节都来源于生活，所以他的作品被称为"写实动物小
说"。小说中的主人公——狼、野马、狐狸、乌鸦、狗、信鸽、白尾兔等等都
有自己的语言和感情，有个性，有爱恨，勇敢，聪明，他们凭着强烈的本能与
自然、与人类抗争，却不免以悲剧告终。

简评：

本书作者西顿认为野生动物和人一样，是有情有意的生灵。西顿抓住动物的生存斗争这个关键，突出动物的个性，把动物在与自然、与人类的抗争中所表现出来的爱恨、寂寞、自信、痛苦的情感世界展示得淋漓尽致。西顿对动物有着深深的敬畏之情，他笔下的动物充满了生命的尊严，洋溢着英雄的气概，向往着自由而生。它们惊心动魄的故事把我们带进了一个灵性的动物世界，一个个满含深情的生命内心。一个多世纪以来，西顿的作品一直是世界动物小说中的经典，所以人们称他为"动物小说之父"。

阅读年龄建议：小学四年级以上

17 《野性的呼唤》

作　　者：（美）杰克·伦敦 著，石雅芳 译

出版社：浙江少年儿童出版社2006年6月出版

内容介绍：

《野性的呼唤》讲述了一条名叫"巴克"的狗，从养尊处优、自命不凡到被人拐卖、虐待、奴役，到逐渐唤醒潜藏的原始野性、回归自然的过程。巴克被迫踏上严寒的北方淘金道路，成为一条拉雪橇的苦役狗。在恶劣的生存环境和残酷的驯服过程中，巴克适应了荒野的生存法则，克服了一切难以

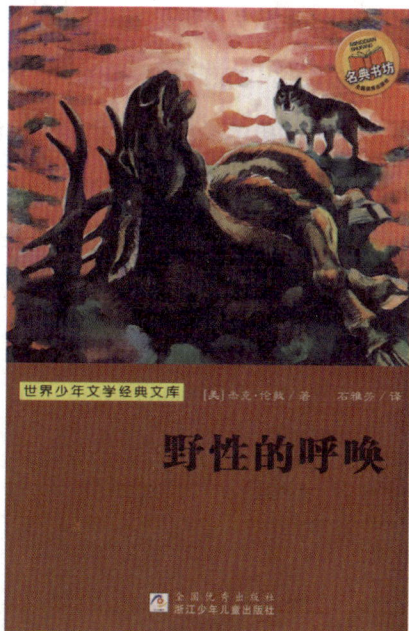

想象的困难，确立了领头犬的地位。最后，心爱的主人被印第安人杀死之后，巴克走进森林，汇入狼群，重归荒野。

简评：

《野性的呼唤》是杰克·伦敦流传最广、影响最大的代表作，具有强烈的艺术感染力和高超的艺术技巧。在小说中，作者以人格化的手法描写巴克，通过狗的眼光审视世界和人类社会，借动物的思维来反观人类。杰克·伦敦借助巴克表达了"弱肉强食，适者生存"的哲学思想，使巴克成为强者哲学的化身。

阅读年龄建议： 初中一年级以上

18 《少女的红围巾》

作　者：程玮 著

出版社：江苏少年儿童出版社2008年3月出版

内容介绍：

《少女的红围巾》讲述两代少女出国留学的故事，小说采用双线结构展开，其一是描述"80后"女孩雨儿在国外丰富多彩的留学生活；其二是描写上一辈的留学生于阡，为了心中的梦想，在异国他乡的成长和奋斗历程。两代少女虽然所处环境不同，但她们有着共同的人生追求和自立自强的精神世界。

简评：

儿童文学评论家束沛德在《做自己真正的主人》中对本书进行了这样的评述：《少女的红围巾》推开了一扇生活的窗子，让我们从一个侧面看到外面的世界既精彩又无奈、既绚丽又斑驳。小说通过对德

国女孩约翰娜离开家庭、独立谋生的经历、遭际，生动地展现了东西方文化、传统、道德的差异和冲突。约翰娜的遭际，喜与忧、成功与挫折，雨儿感同身受，从中尝到了独立生存的艰辛，体味到生活的酸甜苦辣，她深深地领悟到：要真正做一个从形式到内涵都独立的人，还有很远的路要走。

阅读年龄建议：高中一年级以上

⑲ 《苏菲的世界》

作　者：（挪威）乔斯坦·贾德 著，萧宝森 译

出版社：作家出版社2007年10月出版

获　奖：1994年获"德国青少年文学奖"与"最优秀作品奖"

内容介绍：

这是一本风靡世界的哲学启蒙书。苏菲接到一封信，上面写着"你是谁？"由此开始了苏菲对哲学世界的探索和对宇宙人生的思考。在一位神秘的哲学导师的指引下，苏菲以少女敏感的悟性和思辨的心灵，逐渐地接近了由古希腊时代到萨特，以及亚里士多德、笛卡儿、黑格尔、康德等人的思想，思考他们提出的根本问题。

简评：

作品构思巧妙，由一个提问引入，使读者不由自主地与苏菲一同陷入思考，像侦探小说一样追踪问题的答案。本书的一大特色是以小说的形式阐述哲学的起源和发展，运用生动、简洁的语言把深奥的哲学原理寓于有趣的故事中，充满智慧，动人心弦，能唤起读者对宇宙生命的探讨和对人生意义的追寻。

阅读年龄建议：初中一年级以上

⑳《海鸥乔纳森》

作　者：（美）理查德·巴赫 著，夏杪 译，何贵清 绘

出版社：南海出版公司2009年11月出版

内容介绍：

不甘平庸的海鸥乔纳森，无心于营营役役的生活，他有自己崇高的理想，那就是去发展自己的潜能，自由自在地飞翔，飞得更高更快。他承受着孤独和嘲笑，冒着头破血流的危险，苦练飞翔技巧。他被驱除出鸥群后，仍义无反顾地实践着自己的理想，在长老吉昂的引导下，突破自我极限，找到自我真正的本性，最终穿越天空，飞进天堂。他领悟了爱和慈悲的含义，又返回鸥群，帮助同类追求飞翔的理想。

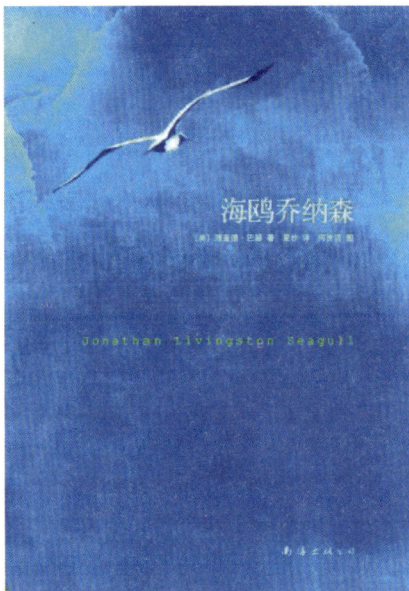

简评：

海鸥乔纳森以勇于飞翔的姿态给我们带来的不仅仅是对于理想的坚守，冲破世俗的勇气，坚持不懈的努力，臻于完美、突破局限的追求，更是在为我们寻求更崇高的生命意义、更开阔的胸怀视野和摆脱枷锁获得自由的喜悦。而乔纳森所具有的宽容、仁慈、大爱的理想，才是乔纳森最终成为"与众不同，得天独厚，超凡入圣"的海鸥的真谛。

阅读年龄建议： 高中一年级以上

㉑《牧羊少年奇幻之旅》

作　者：（巴西）保罗·柯艾略 著，丁文林 译

出版社：南海出版公司2009年3月出版

获　奖：作者获2007年国际安徒生大奖

内容介绍：

《牧羊少年奇幻之旅》又名《炼金术士》。西班牙牧羊少年圣地亚哥连续

两次梦见埃及金字塔附近藏有一批宝藏，于是，他卖掉羊群，踏上了寻宝的奇幻之旅。他跨海来到非洲，经历了被人骗取钱财和打工的过程，之后穿越撒哈拉大沙漠，在一位炼金术士的指引下，克服了重重磨难，来到金字塔前，悟出了宝藏之所在，领略了生命的真谛。

简评：

保罗·柯艾略是巴西著名作家。著有18部作品，在全球160多个国家和地区出版发行，销售总量超过1亿册，被誉为"唯一能够与马尔克斯比肩，拥有最多读者的拉美作家"。在《牧羊少年奇幻之旅》中，保罗·柯艾略以童话般的寓言、精炼美妙的文字、深邃的哲思和浓郁的神秘色彩，揭示了一个深刻的人生道理，那就是人要明白自己存在的目的，时刻倾听自己的心声，顺从自己真心的渴望，坚守自己的梦想并执著追寻，就像圣地亚哥坚信的那样，"当你想要某种东西时，整个宇宙会合力助你实现愿望。"

阅读年龄建议： 初中三年级以上

㉒《老人与海》

作　者：（美）海明威 著，呈劳 译

出版社：上海译文出版社2006年8月出版

获　奖：作者于1954年获诺贝尔文学奖

内容介绍：

桑地亚哥是一个饱经风霜的老渔夫，他连续出海84天也一无所获。第85天，他独自一人出海打鱼，钓到一条巨大无比的马林鱼。经过两天两夜与马林鱼较劲后，筋疲力尽的老人终于制服了马林鱼，把鱼刺死，拴在船头。然而，在归航途中，遭到一群鲨鱼袭击，老人与鲨鱼拼死搏斗，大马林鱼还是被鲨鱼

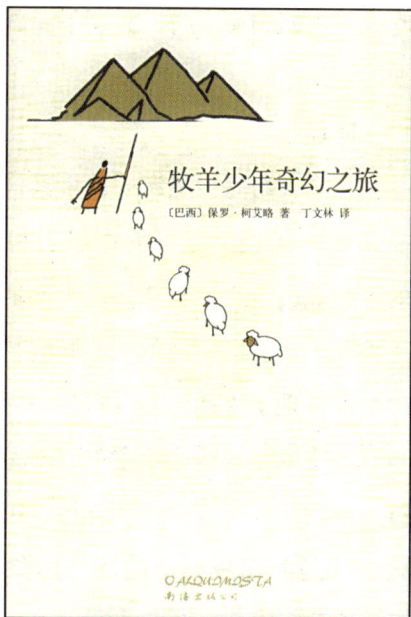

吃光了，回到海岸时，只剩下一副庞大的骨架。

简评：

《老人与海》是海明威最具代表性的作品之一，代表了作者创作思想和艺术探索的最高成就。小说成功塑造了桑地亚哥这个"硬汉子"的形象，他从不服输、坚毅顽强的精神体现了人类的自尊自强的巨大精神力量。书中的一句话"一个人并不是生来要给打败的，你尽可以把他消灭掉，可就是打不败他"是海明威创作的硬汉形象的高度概括。

阅读年龄建议：高中一年级以上

23 《约翰·克利斯朵夫》

作　者：（法）罗曼·罗兰 著，傅雷 译

出版社：人民文学出版社1997年11月出版

获　奖：作者于1915年获诺贝尔文学奖

内容介绍：

约翰·克利斯朵夫出生在德国莱茵河畔一个音乐世家。他从小就有极高的音乐天赋，11岁时已成为宫廷乐师。克利斯朵夫性格正直真诚，坚毅执著，他不愿以音乐来逢迎权贵，遭到世俗的偏见和舆论的压迫，被迫逃亡法国。他依然不屈不挠地与命运抗争，执著地追求真理，追求艺术，最后达到精神宁静的崇高境界。

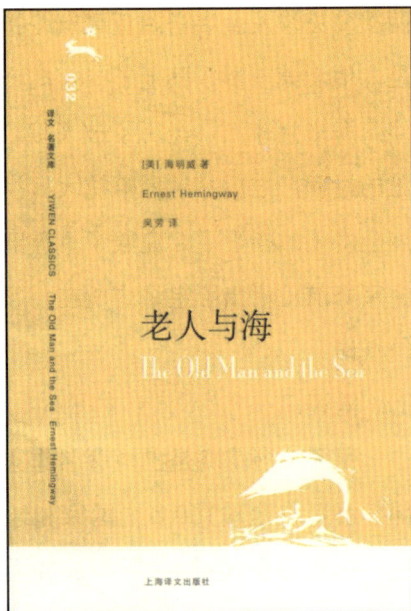

简评：

译者傅雷说："《约翰·克利斯朵夫》不是一部小说，——应当说：不止是一部小说，而是人类一部伟大的史诗。它所描绘歌咏的不是人类在物质方面而是在精神方面所经历的艰险，不是征服外界而是征服内界战迹。它是千万生灵的一面镜子，是古今中外英雄圣哲的一部历险记，是贝多芬式的一阕大交响乐。"1915年，罗曼·罗兰因该小说获得诺贝尔文学奖，以表彰"他文学作品中高尚的理想主义和他在描写各种不同人物时所具有的同情和对真理的热爱"。

阅读年龄建议：高中一年级以上

24 《布鲁克林有棵树》

作　者：（美）贝蒂·史密斯 著，方柏林 译

出版社：译林出版社2009年7月出版

内容介绍：

11岁的弗兰西生活在20世纪初的纽约布鲁克林，是贫穷的移民家庭后代。母亲靠做清洁工养家糊口，父亲是个打零工的歌唱侍者，弗兰西和弟弟靠在街上捡垃圾来换取微薄的零用钱。但物质的贫穷和生活的磨难并没有压垮这一家人，他们依然快乐地生活着，从不放弃对家人的爱，对生活的爱，并坚信学习能给他们的命运带来改变。目不识丁的外祖母给女儿灌输读书识字的重要性，母亲凯蒂坚持每天给孩子们读一页《圣经》和莎士比亚，弗兰西每周六必到图书馆借书阅读。最后终于过上美好的生活。

简评：

《布鲁克林有棵树》是一本自传体小说，讲述在贫困中长大的女孩靠自学上了大

学，成为作家，证明阅读是可以改变命运的。从中我们看到，阅读让我们的生命变得高贵，阅读滋养生命情怀，阅读使人生变得圆满充实。

阅读年龄建议：高中一年级以上

25 《麦田里的守望者》

作　者：（美）塞林格 著，施咸荣 译

出版社：译林出版社2008年1月出版

内容介绍：

书中主人公霍尔顿是一位16岁的中学生，他出生于富裕的中产阶级家庭，家长和老师要他好好读书，将来出人头地，然而他看不惯学校和社会上的一切，他认为所有人都"假模假式"，精神空虚，甚至生活堕落。因此无心向学，不求上进，抽烟、酗酒、打架、调情，第四次被学校开除后不敢回家，在纽约城游荡了一天两夜，上夜总会，滥交女友，看电影消磨时间，召妓女。在这些行为的背后，其实霍尔顿心地纯洁、追求崇高，因而心情非常苦闷，彷徨无主，只有他的妹妹菲苾能理解他，他对妹妹百般爱护，渴望终生做一个"麦田里的守望者"，保护孩子，不让他们掉下悬崖。

简评：

《麦田里的守望者》是塞林格唯一的一部长篇小说，1951年，小说一经问世，便立即引起轰动，在美国社会和文学界产生了巨大影响，特别引起青少年的强烈共鸣，因为这部小说道出了他们的心声，反映了他们的理想、苦闷和愿望。霍尔顿是美国文学中最早出现的"反英雄"形象之一，以他的眼光批判了成人世界的虚伪和社会生活的堕落。主人公复杂和矛盾的心态既反映了他善良纯真的一面，也揭示了他世故和颓废的一面。作者以生动活泼、平易近人的语言和深刻

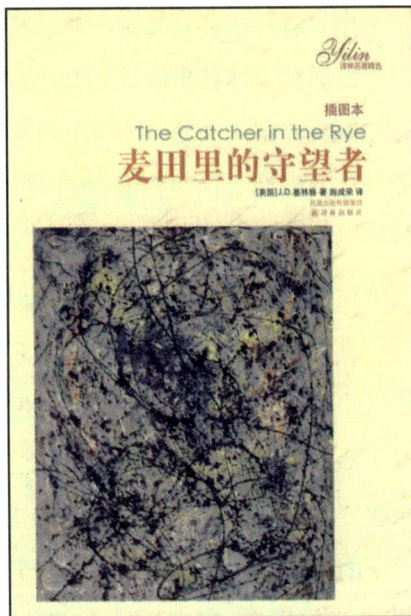

细致的笔法剖析了主人公理想与现实不能调和的矛盾心理，并大量使用口语和俚语，达到了如闻其声、如见其人的效果，增加了作品的感染力。

阅读年龄建议：高中一年级以上

26 《德语课》

作　者：（德）西格弗里德·伦茨 著，许昌菊 译

出版社：南海出版公司2009年10月出版

内容介绍：

故事发生在1945年。少年犯西吉·耶普森因"盗窃"艺术品被关在易北河一座孤岛上的禁闭室，被罚写一篇名为"尽职的快乐"的作文，这让他回忆起痛苦的往事：二战期间，身为乡村警察的父亲奉命监视画家南森，禁止其作画。西吉却背着父亲将画家的作品藏在一间破磨坊里。战后，禁令解除，父亲却仍然顽固不化地继续"履行职责"。一场莫名大火将磨坊里的画作付之一炬，西吉对父亲的怀恨与恐惧与日俱增。不久，他因公然在展览上"偷"画被发现，送入教养所。西吉在回忆中一发不可收拾，想要一直写下去，继续体会"尽职的快乐"。

简评：

西格弗里德·伦茨是德国当代的杰出作家，他所写的《德语课》成为德国文学史上里程碑式的杰作。作品取材自画家埃米尔·汉森在纳粹统治时期被禁止作画的真实事件。《斯图加特报》评论赞美该小说以扑朔迷离、错落流转的叙事手法，"开满花朵一样"的句子，剖析和批判了被作为"德意志品质"宣扬的"忠于职守"思想，"刻画了一个由偏见、僵化的固执所组成的狭隘、压抑的世界。"

阅读年龄建议：高中一年级以上

27 《最后的精灵》

作　者：（意）希瓦娜·达玛利 著，景翔 译

出版社：河南文艺出版社2009年7月出版

内容介绍：

大雨落个不停，烂泥遍野，全世界仅存的小精灵——约许，因洪水夺走了亲人和家园，只身逃难到人间。虽然人间对精灵极为不友善，但他并不绝望，因为外婆告诉过他："只要你梦想得够用心，梦想就会成真。"从未接触过人类的约许，在逃亡路上，遇到了莎琴娜和猎人蒙瑟，在屡次面临的绝境中，天真烂漫的精灵凭借着发自内心的善良和勇敢，获得了友情和爱情。

简评：

日本作家大江健三郎对"最后的精灵"赞叹不已，他说："每个人心中都有一个最后的精灵，他纯真、善良、孤独、勇敢，渴望爱与关怀。"《最后的精灵》讲述的是爱与责任、生命与生活的寓言，正如书中精灵所信奉的"我们的命运应该是我们希望要怎么样的，而不是刻在石头上的。我们的命运就是我们的生命，不该是别人的梦想。"因此，它能鼓舞每个人勇敢地面对自己内心的脆弱，把握自己的命运。全书充满人性描写，弥漫着史诗般的悲壮，出人意料的幽默和妙趣横生的情节。

阅读年龄建议：高中一年级以上

28 《边城》

作　者：沈从文 著

出版社：当代世界出版社2007年9月出版

内容介绍：

《边城》是沈从文小说的代表作，是中国文学史上抒发乡土情怀的优秀中篇小说。小说以20世纪30年代川湘交界的边城茶峒为背景，以撑渡老人的外孙女翠翠与船总的两个儿子天保、傩送的爱情为线索，用田园牧歌般的优美情调，描绘了少男少女的纯洁情爱、祖孙之间的浓浓亲情、民风民俗的淳朴自然，湘西独特的风土人情，歌颂了人性的善良与心灵的澄澈。

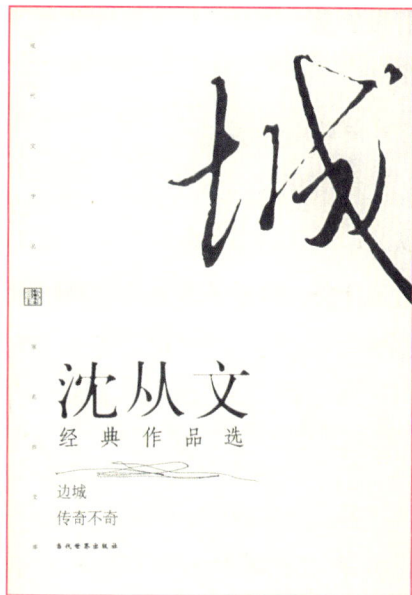

简评：

《边城》寄托着沈从文"美"与"爱"的美学理想，用沈从文自己的话说就是："我要表现的本是一种'人生的形式'，一种'优美、健康、自然'而又不悖乎人性的人生形式"。作品着力营造了一个充满人性美和人情美的世外桃源般的边城，这里人性真挚纯朴，美好善良，几乎每个人都闪耀着真善美的人性光辉。

阅读年龄建议： 高中一年级以上

㉙《未央歌》

作　者：鹿桥 著

出版社：黄山书社2008年1月出版

内容介绍：

《未央歌》描写抗战时期国立西南联合大学一群师生多姿多彩的校园生活。以四位主人公童孝贤、伍宝笙、蔺燕梅、余孟勤为代表的年轻学子，在烽火连天的战争环境下，仍然以乐观向上、充满爱心的少年情怀追求人生理想和人格完善。书中着力渲染的是同学间"友情之可爱"，他们单纯、善良，彼此引为挚友、箴友，相互扶持下走向成长的道路。

简评：

台湾华文研究者丁一如此评价《未央歌》："正因为《未央歌》营造了一个美好的象牙塔，塔里的人物才能跨越时代，抛开那些怀乡血泪、抗日民族激情，跨越时代鸿沟，得到人们的喜爱，变成隽永的象征，未央不息。"《未央歌》是一部唯美的校园小说。北京大学教授陈平原认为两部现代史上影响深远的描写大学生活的长篇小说，一是充满讥讽智慧的《围城》，一是洋溢着青春激情的《未央歌》。

阅读年龄建议：高中一年级以上

小贴士 共享阅读讨论话题设计举例

《绿山墙的安妮》

1. 在你眼中，安妮是个怎样的女孩子？

2. 安妮的想象有何特点？

3. 安妮对生活、对大自然充满着怎样的惊奇感？

4. 安妮的感恩是如何表现的？

5. 安妮如何克服困难和面对对她不利的境况？

6. 大自然与安妮是怎样的关系？

7. 马修和玛丽拉对安妮的爱有着怎样不同的表现？

8. 安妮的生命热情是如何改变了绿山墙的面貌？给整个村庄带来了欢快的春意？

9. 分析一下安妮的富有灵气的生命活力来源于什么？

10. 你从安妮成长的经验中得到什么启示？

《草房子》

1. 桑桑是一个怎样的孩子？

2. 在《草房子》的这些人物中你对哪个人印象最深？说明理由。

3. 你从秃鹤的故事中感悟到了什么？

4. 桑桑是怎样对付病魔的折磨的？你受到了什么启示？

5. 这本书最感动你的情节是什么？说说理由。

6. 《草房子》所反映的时代物质虽贫乏，但人们的心情却快乐，无忧无虑，单纯又率真，你能说说其中的道理吗？

7. 曹文轩说："《草房子》当无条件地向诗性靠拢。"那么，《草房子》的诗性是如何表现的？

8. 曹文轩说："美的力量绝不亚于思想的力量。一个再深刻的思想都可能变成常识，只有一个东西是永远不变的，那就是美。"《草房子》的美体现在哪些方面？

《天蓝色的彼岸》

1. 这本书的书名叫"天蓝色的彼岸"，有何寓意？

2. 为什么哈里和众多没有去到天蓝色的彼岸的幽灵还在另一个世界游荡？作者想表达什么意思？

3. 哈里在阿瑟的带领下偷偷溜回到人间，见到他的学校、家庭，他曾经爱过和恨过的人。由此，他慢慢地发现生命的真相。那么，哈里发现了哪些生命的真相呢？

4. 哈里以特殊的方式说出了自己对姐姐的抱歉，阿瑟在另一个世界中用150年的时间来寻找妈妈，斯坦50年来一直在等待他的小狗。这些都说明了什么？

5. 书的封底有一句话"千万不要低估了宽恕的力量。"哈里在生前和死后分别是怎样对待宽恕这个问题的？

6. 请说说你对"决不要在你怨恨的时候让太阳下山"这句话的理解。

7. 我们如何从哈里的故事中学会珍惜无与伦比的美好生命？

8. 读了本书后，谈谈你对待死亡的理解是否有了重新的认识？

▲一名读者选了一车书前往座位阅读

杭州人里尔　摄　　杭州图书馆提供

《牧羊少年奇幻之旅》

1. 封面有一句话："世界上的每一个人都有一个宝藏正在等着他"想想看这句话有何深意？

2. 这本书中文译名是：牧羊少年奇幻之旅，但是本书原来的书名却是："炼金术士"，请问译者的用意为何？

3. 牧羊少年既然能识字读书,为什么要放弃当神父的机会而选择做个牧羊人？

4. 当男孩成为牧羊人到处去旅行之后，他又有了什么新的渴望？

5. 个人生命与宇宙万物之间存在着什么样的关系？

6. 你认为故事中"神秘的力量"是指什么？

7. 炼金术士说："沙漠人常说一句话'一个人往往渴死在棕榈树已经出现在地平线上时。'"这句话到底是什么意思？

8.牧羊少年最终是如何找到"炼金术"的？

9.通过牧羊少年的传奇故事，你认为梦想究竟是虚幻不实，还是可以美梦成真？

《未央歌》

1.你觉得《未央歌》是一个美好的"乌托邦"，是一个理想主义的世界吗？

2.湖心岛上的玫瑰有什么象征意义？

3.你最喜欢书中的哪个人物？为什么？

4.你向往《未央歌》里的校园生活吗？你对校园生活有什么期待？

5.《未央歌》所描写的青春和友谊对我们今天的生活有何意义？

6.台湾歌手黄舒骏根据《未央歌》的故事写了一首同名歌曲。你觉得这首歌表达了书中的原意吗？

7.有一位书评人郁郁说，《未央歌》中的大学生"他们在物质上或许是匮乏的，但在精神上却富可敌国"？请对这个评说发表你的意见。

8.《未央歌》取材于西南联大时期的生活，但对于当时动荡的局势和艰苦的环境有意回避，故事的基调是美好的、明亮的。但有人说真正的西南联大生活没有那么美好。你对此有什么看法？

——本书获第六届国家图书馆文津图书奖推荐图书

——中国图书馆学会阅读推广委员会组织编写，送给每个家庭的阅读指南

亲子阅读

邱冠华主编

国家图书馆出版社2010年4月出版

内容提要

这是一本送给0—12岁孩子父母的亲子阅读指南，主要内容有：亲子阅读常见问题、好书推荐、亲子阅读技巧、亲子阅读案例等。书中，不仅有阅读指导专业人士为父母支招，而且有众多著名的亲子阅读实践者现身说法。阿甲、两小千金妈妈、作家保冬妮等海内外20来位大书虫爸妈纷纷在本书中讲述了自己的亲子阅读经验。书末附《亲子阅读推荐书目》（荐书100种），是家长买好书的指南。

精彩篇目

理想的亲子阅读是怎么样的？

怎样为孩子选择合适的童书？

图画书太多，哪些可以作为亲子读物？

培养孩子品格的优秀童书

怎样读书给孩子听？

孩子爱看电视、玩游戏，不爱看书，怎么办？

阿甲的亲子阅读实践

快乐的亲子阅读——访儿童文学作家保冬妮

识字以后更要亲密共读（陈安仪）

我超爱逛的亲子阅读网站

——最通俗的语言告诉你什么是数字阅读，让你走在阅读时代最前沿

——第一本全面介绍数字阅读技巧和资源的书，送给每个人的信息素养提高书

数字阅读

李东来 主编

国家图书馆出版社2010年8月出版

内容提要

数字阅读就在我们身边。如果你善于利用新技术带来的便利，就能通过数字阅读为你的生活和工作添上翅膀。这是一本送给所有对数字阅读心怀好奇、但不甚精通的人的阅读指南，主要内容有：数字阅读是什么，数字阅读读什么，怎样提高你的数字阅读技巧，数字阅读达人访谈等。多位数字英雄在书中分享自己的数字阅读技巧，畅谈数字阅读的未来。书后附各类有用的数字资源列表。

精彩篇目

数字阅读就在我们身边

数字阅读时代，读者为王时代

一本大书叫谷歌图书

豆瓣，我的精神后花园

中小学生适读的数字资源

电子杂志新天地

美国人阅读生活的新伴侣——Kindle

如何查找电子书

手机订阅的5种资源和方法

数字阅读达人访谈

你所不知道的Google使用技巧

常用数据库使用技巧

维基百科使用十大技巧

身边的数字图书馆

常用中文学术全文数据库

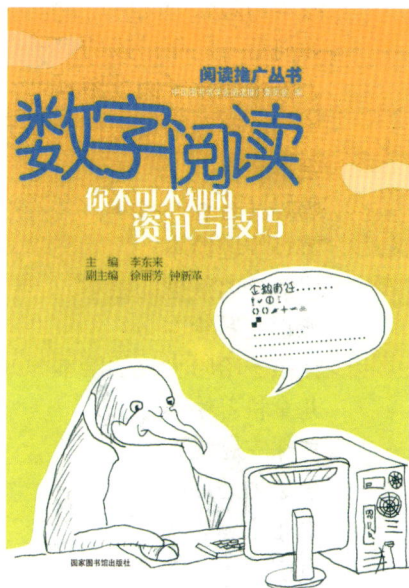

——全面的绘本（图画书）导读

——对目前已出版绘本作全面盘点，列出23个孩子喜欢的主题书目

绘本阅读

王惠君 主编

国家图书馆出版社2011年3月出版

内容提要

这是一本亲切、全面的儿童绘本（图画书）导读。分上下两篇，上篇介绍了绘本的概念、作用，以及指导儿童阅读绘本的方法等有用的知识。下篇列出23个孩子喜欢的绘本主题书目，如：与妈妈（爸爸）有关的绘本，缓解分离焦虑的绘本，与节日有关的绘本，死亡主题的绘本，让孩子哈哈大笑的绘本，儿童科普绘本等。不仅指出每部绘本的妙处，还有阅读建议。对家长、老师等指导儿童阅读很有参考价值。

精彩篇目

认识绘本

绘本与想象力

如何帮不同年龄段的孩子选择绘本？

怎样带领孩子阅读图画书？

美国社区图书馆怎样给孩子读绘本？

绘本杂志

妈妈（爸爸）绘本

节日主题绘本

缓解分离焦虑的绘本

死亡主题绘本

让孩子哈哈大笑的绘本

儿童科普绘本

环保主题绘本

想象力超强的绘本

恐龙主题绘本

有中国味儿的绘本